Martin Sandkühler

Legenden um Sankt Martin

Legenden – Gedichte – Lieder

OGHAM VERLAG STUTTGART

Einbandgestaltung von Christiane Lesch
und Lotte Boelger-Kling (Schrift)

Textsatz: Gerda Kaul, Wendlingen
Notensatz: NotaBene Notensatztechnik, Stuttgart
Repros: Reprotechnik Herzog, Stuttgart
Herstellung: Maisch & Queck, Gerlingen
ISBN 3-88455-047-0

1. TEIL

LEGENDEN

MARTIN UND DER BETTLER VON AMIENS

Martinus war schon mit fünfzehn Jahren in das römische Heer eingetreten und da er sehr pflichtbewußt und zuverläßig war, ernannte man ihn nach kurzer Zeit zum Offizier in der kaiserlichen Garde. Bald wurde er nach Gallien versetzt und tat dort Dienst. Er war bescheiden und hilfsbereit und während die anderen Offiziere immer mehrere Knechte zur Hilfe um sich hatten, begnügte sich Martinus mit nur einem Knecht. Oft genug war er der Dienende und half dem Anderen. Eines Tages wurde er mit einem Trupp seiner Kameraden ausgeschickt, um Arbeiten zu überwachen und bei den Bauern Nahrungsmittel zu beschaffen. Es war ein kalter Wintertag und die Offiziere hatten sich fest in ihre dicken roten Mäntel gehüllt. Von den Bauern hörte Martin Klagen, wie drükkend doch die Steuern seien und so verteilte er gar manche Silbermünze an die Landleute, die damit ihre Abgaben entrichten konnten.

Bald hatten die Offziere ihren Auftrag erfüllt und in der zunehmenden Dämmerung ritten sie fröhlich plaudernd ihrer Garnisonsstadt Amiens zu. Der Schnee knirschte unter den Hufen ihrer Pferde und beim Schnauben der Tiere bildeten sich weiße Wölkchen in der kalten Luft. Als die Gruppe eben auf das Brückentor der Stadt zuritt,

gab es dort eine Stockung, denn das Tor war schmal und die Reiter konnten nur einzeln hindurchreiten. Während die Gruppe sich genähert hatte, war aus dem Dunkel der Torwölbung eine Gestalt hervorgetreten, arm und zerlumpt, und die wenigen Fetzen, die der Mann am Leibe trug, konnte man kaum ein Gewand nennen, das Schutz vor der Kälte bot. Bittend streckte der Bettler die Hand zu den Reitern aus, doch diese achteten nicht auf ihn.
Martinus war mit seinem Knecht ein wenig zurückgeblieben, denn wenn er unterwegs war, dachte er gerne beim Reiten über so manches nach, was ihm der Bischof Hilarius beim Taufunterricht erzählt hatte. Als er nun durch die Stockung vor dem Tor aufmerksam wurde, erblickte er vor sich die Gestalt des Bittenden, der auch ihm mit flehender Gebärde die Hand entgegenhielt. Martin suchte vergeblich in seinen Taschen nach irgendeiner Münze, doch die hatte er alle bereits an die Bauern verteilt. Kurz entschlossen griff er nach seinem Schwert und teilte mit der scharfen Klinge seinen großen, schweren Mantel in zwei Teile. Die eine Hälfte hängte er nun dem frierenden Bettler um, grüßte und ritt den anderen nach durch das Stadttor.

In seiner Unterkunft angekommen, verspotteten ihn seine Kameraden ob des zerstückelten Mantels, doch er kümmerte sich nicht darum, nahm die karge Abendmahlzeit zu sich und begab sich zu seinem Nachtlager. In

der Nacht aber hatte er ein Traumgesicht, das ihm zeitlebens in Erinnerung bleiben sollte. Vor ihm erschien Christus, der Herr,in lichtem Glanz. Er trug die Mantelhälfte, die Martin am Abend dem Bettler geschenkt hatte und sprach also zu den Engeln, die ihn umgaben: «Sehet hier Martinus, der noch nicht getauft ist und der mich aus seines Herzens Güte mit diesem Mantel bekleidet hat!»

Am anderen Morgen erwachte Martin frisch und gestärkt. Das Traumbild stand ihm noch immer ganz lebendig vor Augen und als er noch darüber nachsann, kam ihm eine Stelle der Heiligen Schrift in den Sinn, die sein Lehrer Hilarius ihm unlängst aus dem Evangelium des Matthäus vorgelesen hatte: «Ja, ich sage euch, was ihr getan habt an dem geringsten meiner Brüder, das habt ihr an mir getan.»

Frohen Mutes ging daraufhin Martinus an sein Tagewerk. Das Erlebnis bestärkte ihn aber auch in seinem Entschluß, den Dienst als Soldat bald aufzugeben und fortan nur noch seinen Mitmenschen zu helfen und zu dienen.

MARTIN BITTET UM SEINE ENTLASSUNG AUS DEM HEER

Als Martin am Stadttor von Amiens dem Bettler an jenem Winterabend die Hälfte seines Mantels geschenkt hatte und in der Nacht darauf im Traum die Erscheinung des Herrn erlebte, da wurde ihm klar, daß sein Leben nicht das eines römischen Offiziers sein sollte. Nicht zu töten war seine Aufgabe, sondern die Seelen der Menschen zu Gott zu erheben. Immer mehr drängte es ihn, den Dienst als Offizier aufzugeben und einen höheren Dienst anzustreben. Sein wohlmeinender Hauptmann bat ihn aber, noch zu warten, sodaß zwei weitere Jahre vergingen, bis er sich endlich entschloß, den Kaiser um seinen Abschied zu bitten.
Jedoch, die Zeiten waren kriegerisch, jeder Offizier wurde gebraucht, zumal gerade die Germanen wieder in Gallien eingefallen waren. Die Römer mußten am Rhein das Heer zusammenziehen und errichteten in Worms ihr Heerlager. Martin hatte Gewissensbisse, in dieser Situation zu fragen, aber der Wille in ihm, hinfort friedlichen Zielen zuzustreben, war stärker. Als nun der Kaiser Konstantin vor seine Soldaten und Offiziere trat, um ihnen vor dem Kampf die Goldprämie, das Donativum, auszuteilen, kam die Reihe auch an Martin, vorzutreten und

das Gold in Empfang zu nehmen. Ihm aber erschien es unrecht, denn er wollte ja nicht kämpfen und so bat er kurzerhand den Kaiser um seine Entlassung, indem er sprach: «Bis heute, mein Kaiser, habe ich Dir als Soldat gedient, doch mein Gewissen gebietet mir, fortan als Christ in den Dienst eines Höheren zu treten und für friedliche Ziele zu arbeiten. Deine Goldgabe kann ich deshalb nicht annehmen, denn den Soldaten Christi ist es nicht erlaubt, mit der Waffe in der Hand zu kämpfen.»
Der Kaiser wurde ob dieser Rede unmutig, zumal er in Martin den guten Offizier schätzte und so herrschte er ihn an: «Deine religiösen Motive glaube ich Dir nicht – Du wirst aus Furcht vor der Schlacht den Dienst aufgeben wollen und das kann und will ich nicht zulassen.»
Unerschrocken entgegnete da Martin dem Kaiser: «Nicht Angst vor der Schlacht ist mein Motiv, nicht feige Gesinnung, denn wisse, wenn Du meine Glaubenstreue anzweifelst und meine Gesinnung prüfen willst, so erlaube mir, morgen den Beweis dafür anzutreten. Ich werde allein und unbewaffnet im Namen des Herrn Jesus Christus, unter dem Schutz des Kreuzes, ohne Schild und Helm vor die Schlachtreihe treten und sicher durch die Reihen der Feinde gehen. Ich stelle mich hiermit unter Deine Obhut, bis ich morgen die Prüfung ablegen darf.»
Der Kaiser konnte den mutigen Worten seines Offiziers die Anerkennung nicht versagen und ließ ihn in Ge-

wahrsam nehmen, um ihn am folgenden Tage den Feinden entgegenzustellen. Am anderen Morgen aber, ehe noch Martin den Feinden entgegengeschickt werden konnte, sandten diese eine Botschaft und ergaben sich dem Kaiser auf Gnade und Ungnade mit allen ihren Gütern.

Der Kaiser sah darin ein Zeichen und gab dem jungen Offizier den Abschied. So konnte sich Martin hinfort auf ein Leben im Dienste Christi vorbereiten und ohne zu zögern begab er sich zu seinem Lehrer, dem Bischof Hilarius, der ihn weiter unterrichtete.

MARTIN UND DIE RÄUBER

Viele Jahre hatte Martin seine Eltern, die im fernen Pannonien lebten, nicht mehr gesehen. Sein Dienst bei der Garde des Kaisers gab ihm nicht die Möglichkeit langer Reisen, denn an den Grenzen des Reiches war es unruhig. Nachdem er jedoch aus dem Heere des Kaisers ausgeschieden war und sein Lehrer Hilarius ihn als Schüler aufgenommen und zum Priester geweiht hatte, da erlebte er eines nachts einen Traum, in dem er aufgefordert wurde, seine Eltern aufzusuchen, damit sie ihn noch ein-

mal sehen könnten und er sie vielleicht zum Christentum bekehren könne. Er solle sich auch nicht fürchten, wenn die Reise beschwerlich und gefährlich sei – er würde sie gut überstehen, trotz aller Widerwärtigkeiten.
Tagelang ließ ihn dieser Traum nicht los und schließlich machte er sich trotz aller Bedenken auf die lange Reise. Er durchwanderte die Ebenen und Täler Galliens und gelangte schließlich an die ersten Berge der Alpen, die er überqueren mußte. Mühsam waren die Wege, schmal, und gefährlich nahe an Abgründen führten sie entlang, immer steiler und unwirtlicher. Die Sonne hatte ihre Tagesreise fast schon vollendet und es dämmerte bereits, als er eine Kuppe erreichte, von der eine kleine Lichtung zur nächsten Steigung führte. Martin hatte gerade ein wenig innegehalten, denn nach der Steigung ging sein Atem kurz, als aus dem Dunkel der Bäume ringsum ein fürchterliches Gebrüll ertönte. Mit wilden Gebärden stürzte eine Horde Räuber auf ihn zu und der Anführer zückte die Axt, um Martins Haupt zu zertrümmern.
Doch mitten im Schwung hielt unversehens ein anderer der Gesellen den Arm des Hauptmanns fest, sodaß der Schlag daneben ging. Aber Martin wurde gefesselt und einer Wache zur Obhut übergeben.
Kurze Zeit später, als die Bande wilder Gesellen in tiefem Schlafe lag und nur ein kleines Feuer notdürftig Wärme gab, da kam die Wache zu Martin, gab ihm einen Bissen

Brot und Wasser aus seiner Flasche. Als Martin gelabt war, da fragte der Geselle ihn: «Sprich, oh Wandersmann, hattest du große Furcht, als unser Hauptmann dir mit seiner riesigen Axt entgegentrat und dein Leben bedrohte?»

Ruhig antwortete da Martin: «Höre und glaube, der du nicht von dem Christengott weißt, ich war noch nie so sicher als in jenem Augenblick, denn in der Not ist Gottes Erbarmen am nächsten.» Der Räuber aber fragte weiter und wollte nun mehr wissen von dem beschützenden Gotte, der solcherlei Sicherheit geben könne. Da erzählte ihm Martin in einfachen Worten von Jesus Christus, dem Herrn und wie er am Kreuze zum Heil für die Menschheit gestorben sei.

Und so ergriffen war da der vorher so finstere Geselle, daß er eilends Martins Fesseln löste. Dann führte er ihn auf geheimen Wegen durchs Gebirge, denn er kannte sich auch in der Dunkelheit in den Bergen aus. Und schließlich zeigte er Martin die rechte Straße, ging noch einige Zeit mit ihm, bis der Morgen dämmerte und verabschiedete sich dann.

Fortan aber blieb er fern von der Bande wilder Gesellen, mit denen er bisher gezogen war und führte ein Leben mit guten Werken.

Martin wanderte weiter und nach vielen beschwerlichen Wegen erreichte er seine Heimatstadt Sabaria in Panno-

nien. Dort traf er seine Eltern und führte insbesondere mit seiner Mutter lange Gespräche, denn sie hatte das Christentum angenommen. Sein Vater jedoch beharrte im alten Glauben.
In der römischen Provinz Pannonien war zu der Zeit das Christentum der Arianer vorherrschend und als Martin nun versuchte, seinen Glauben auch hier zu verbreiten, ergriffen sie ihn und schlugen ihn öffentlich. Schließlich vertrieben ihn die Arianer, denn alles Römische war ihnen verhaßt. So flüchtete Martinus nach Pavia, wo seine Eltern inzwischen lebten. Doch auch hier blieb sein Wirken nicht unangefochten, denn als er eines Tages in Mailand das Wort Gottes verkündete, ergriffen ihn die Arianer abermals und vertrieben ihn. Da zog er aus dem Lande und auf die Insel Gallinaria bei Genua und blieb dort lange Zeit als Einsiedler.
Eines Tages hörte er, daß sein hochverehrter Lehrer, Bischof Hilarius von Poitiers, aus der Verbannung zurückkehre und auf dem Wege nach Gallien sei. Alsbald zog er ihm entgegen und nicht lange danach gründete er in der Nähe von Poitiers ein Kloster. Von dort aus bereiste er die Umgebung, um das Christentum zu verbreiten.

MARTIN WIRD ZUM BISCHOF VON TOURS GEWÄHLT

Der alte Bischof von Tours war gestorben, sein Stuhl stand leer und man suchte einen Nachfolger. Das sprach sich alsbald beim Volke herum und da Martinus ob seiner Predigten und Bekehrungen, auch durch seine Hilfe weit in der Gegend bekannt war, begab sich eine Menge von Leuten zu ihm und fragte, ob er ihr Bischof sein möge. Martin aber in seiner großen Bescheidenheit, weigerte sich, das Amt anzunehmen. Etliche gab es da auch, die widersprachen der Wahl, sie meinten, er sei doch häßlich von Gebärde und garstig von Angesicht. So standen die Leute und redeten und hatten gar nicht bemerkt, daß Martin sich längst hinwegbegeben hatte. Einer unter den Leuten stellte sich besonders gegen die Wahl Martins, sein Name war Defensor, das heißt ‹Der Verteidiger›. Immer mehr Leute aber sprachen sich für die Wahl Martins aus. Damit nun über das heilige Amt des Bischofs kein Streit entstünde, einigte man sich, eine Lesung aus der Heiligen Schrift solle über das Für und Wider entscheiden. Vergebens suchte man jedoch unter den Anwesenden nach einem Lector, der das Vorlesen besorgen könne. Da meldete sich aus dem Volke ein des Lesens Kundiger und erbat sich, die Lesung zu halten.

Er schlug das Psalterium auf und las den Psalm vor, den er gerade vor sich hatte. Das war der Vers:

> «Aus dem Munde der Kinder hast du dir ein Lob zugerichtet, Herr, daß du zerstörest den Feind und den Verteidiger.» (Ps. 8,3).

Von diesem Spruch fühlte sich Defensor überwunden und gab der Mehrheit nach, die für die Wahl Martins sich ausgesprochen hatte.

Freudig zogen sie alle hin, um dem Gewählten die Botschaft zu überbringen. Als sie jedoch zu seiner bescheidenen Klosterzelle kamen, fanden sie diese leer und Martin war nirgends zu finden. Lange suchten sie alle und kamen nach vielen Stunden zu einem Bauernhof, zu dem man sie gewiesen hatte.

Martin aber hatte die Menge kommen sehen und hatte sich abseits vom Haus in einem Gänsestall verborgen. Dort duckte er sich in die Ecke, häufte Stroh über sich und verhielt sich ganz ruhig. Doch die Gänse zischelten und schnatterten aufgeregt und dadurch wurden die Leute aufmerksam, schauten in den Stall und fanden schließlich Martinus unter dem Stroh.

Jubelnd befreiten sie ihn von den Strohhalmen und geleiteten ihn nach Tours in die Kirche. Und als er sah, wie sehr den Leuten an seiner Wahl gelegen war, gab er schließlich schweren Herzens nach und stimmte ihrem Wunsche zu.

Da jubelten die Leute, die Glocken läuteten feierlich und alle freuten sich, daß es ihnen gelungen war, einen solch heiligen Mann als Bischof für ihre Stadt zu gewinnen.
Martin aber blieb der bescheidene Priester, der er auch zuvor gewesen war. Da er aber den Lärm und die Betriebsamkeit der Stadt nicht mochte, ließ er vor der Stadt ein Kloster bauen,in das er sich zurückzog. Dies wurde das berühmte Kloster Marmoutiers, in dem Martin viele Schüler heranbildete. Das Leben dort war einfach und streng. Kein Wein war erlaubt, auch keine weichen Gewänder. Doch viele Bischöfe kamen im Laufe der Zeit aus diesem Kloster und verwalteten ihr Amt im Sinne Sankt Martins.
Die Gänse aber, die dem Volke den Weg zum Versteck Sankt Martins gewiesen hatten, wurden seit der Zeit zum Symbol des Heiligen, es gibt an seinem Fest den Gänsebraten, und den Einzelteilen der geopferten Martinsgans werden mancherlei Heilkräfte zugeschrieben.

WIE MARTIN DEN SCHÜLER WIEDER INS LEBEN RIEF

Bischof Martin war oft viele Wochen im Lande unterwegs. Die Wege waren gar beschwerlich und schlecht, oft kam die kleine Schar durch das dichte Unterholz kaum vorwärts. Reittiere konnten sich die Mönche nicht halten und so wanderten sie zu Fuß durch die Wildnis, halfen den Menschen, schlichteten Streit und berichteten überall von Christus, der für die Menschheit sein Leben gab. Martins Mönchsbrüder und die Schüler führten in der Zwischenzeit das Kloster weiter, lehrten und lernten und gaben der Umgebung ein Beispiel.

Als Martin eines Abends von einer dieser Reisen in das Kloster zurückkehrte, war einer seiner Schüler gestorben und lag in seiner Zelle aufgebahrt. Dieser Schüler hatte noch nicht getauft werden können und darob war Martin voller Trauer. Er beugte sich über des Schülers Leib in innigem Gebet, verharrte so gar lange Zeit und rief ihn durch die Kraft seines Gebetes wieder ins Leben zurück.

Der Schüler erwachte staunend und nachdem er seine Benommenheit abgeschüttelt und begriffen hatte, daß er wieder am Leben sei, berichtete er Martinus, er sei schon vor dem Weltenrichter gestanden und dieser wollte ihn an einen dunklen Ort verbannen, da er der Taufe noch nicht

teilhaftig geworden sei. Zwei Engel jedoch seien da in ihrem Glanz erschienen und hätten dem Richter bedeutet, daß er derjenige sei, für den Bischof Martin so innig bete. Da ward den Engeln geboten, ihn zurückzuführen und ihn Martin lebend wieder zu geben.
Voller Demut hörte Martin diesen Bericht, unterwies auch den Schüler in der Folgezeit besonders eifrig, sodaß dieser bald die Taufe empfangen konnte, der Lehren seines Meisters würdig.

MARTIN UND DER TEUFEL

Überall, wo Menschen ein gutes Leben führen und gute Werke tun, da sieht der Teufel mit scheelen Augen zu, denn dort hat er es schwer, seinen bösen Einfluß geltend zu machen. Aber immer steht er auf der Lauer, um jede auch noch so kleine Gelegenheit zu seinen Gunsten zu nützen.
Besonders eifrig ist er bei denjenigen, die ein vorbildliches Leben führen und durch ihr Beispiel allein auf andere Menschen wirken. So ein vorbildlicher Mensch war Martinus und ständig suchte der Teufel nach einer Gelegenheit, wie er ihm schaden könnte. So trat er eines Tages

in menschlicher Gestalt auf Martin zu, versuchte harmlos, ein Gespräch anzufangen und fragte ihn, wohin er denn ginge. Martin war aber nicht dazu aufgelegt, sich von seinen eigenen Gedanken abbringen zu lassen und sagte deshalb, etwas kurz angebunden: «Ich gehe dahin, wohin Gott mich ruft!»

Der Teufel war ob dieser Antwort etwas gereizt und versetzte deshalb: «Wohin du auch gehen magst, in welches Land du dich wendest, welchen Weg du auch gehst, welche Brücke du auch überqueren wirst, der Teufel wird dir allezeit widerstehen!» Martin tat so, als hätte er auch jetzt noch nicht erfaßt, wer da neben ihm ging und antwortete aus seinen Herzensgedanken heraus also: «Der Herr ist mein Helfer, wie soll ich da fürchten, was ein Mensch mir antun könnte.»

Sprach's und ließ den verdutzten Teufel am Wegesrand stehen.

*

Der Teufel ist jedoch mit vielen Listen begabt und selbst dann, wenn er einen Klügeren findet, dauert es nicht lange und eine neue List fällt ihm ein.

Eines Tages merkte ein Bauer, dessen Gehöft nicht weit von Martins Behausung lag, daß eine seiner Kühe unruhig war. Sie belästigte die anderen Kühe, stieß sie, trat auch nach der Magd, die sie melken wollte und brüllte so schaurig, daß es wohl einen Stein hätte erweichen können.

Der Bauer wußte sich keinen anderen Rat, als die Kuh noch vor den anderen auf die Weide zu schicken, damit sie sich dort austoben konnte. Doch kaum war die Kuh draußen, da raste sie auch schon davon, zertrampelte den starken Zaun um die Weide und verschwand in den Büschen. Der Bauer verlor auch jetzt die Geduld nicht, denn er wußte natürlich, daß Kühe ja nicht so ohne weiteres davonlaufen, sondern meist abends wieder in den heimischen Stall zurückkehren. Als es Abend wurde und die anderen Kühe seiner Herde längst ruhig im Stall und gemolken waren, da stand der Bauer noch immer und wartete auf die davongelaufene Kuh. Wie er so stand und wartete, kam ein Reiter eilends auf den Hof geritten, hielt und fragte den Bauern, ob ihm eine Kuh abhanden gekommen sei. Der Bauer bejahte und der Reiter erzählte ihm nun, daß im Nachbardorf eine Kuh aufgetaucht wäre, die ganz schrecklich wüte. Jeder, der sich ihr zu nähern versuche, würde mit gesenkten Hörnern angegriffen, auch seien von ihr schon Menschen getötet worden und sie würde die ganzen Äcker zertrampeln. Sicher, so schloß der Bote, wäre das Tier vom bösen Geist besessen.

Der Bauer hörte sich dies alles an, nahm dann sein Pferd und folgte dem Boten ins Nachbardorf. Die Leute stan-

den noch immer beisammen und sprachen über die besessene Kuh, die angriffslustig auf dem Wege wartete.
In diesem Moment kam von der anderen Seite her Martin mit einigen seiner Begleiter dahergewandert. Kaum erblickte ihn die Kuh, als sie auch schon die Hörner senkte und auf die Gruppe lostrabte. Doch Martin blieb ruhig stehen, schaute das Tier eingehend an, hob die Hand und gebot der Kuh stillezustehen. Zum Erstaunen aller blieb die Kuh stehen und Martin sah nun den Teufel, der sich ganz klein gemacht hatte, auf dem Rücken der Kuh sitzen. Dort hatte er sich festgekrallt und verursachte dem Tier fortwährend neue Pein. Martin besann sich nicht lange und rief mit starker Stimme dem Teufel zu:
«Weiche von diesem Tier, du böser Geist und laß ab, ein unschuldiges Geschöpf zu peinigen!»
Als der Teufel die Worte des heiligen Mannes hörte, löste er seine Klauen vom Rücken der Kuh und verschwand eilends in der Dämmerung. Die Kuh aber trottete fügsam mit ihrem Herrn in den Stall zurück, als wäre nichts von Belang vorgefallen, während Martin und seine Gefährten ruhig heimwärts zogen.

*

Als Martin eines Tages wieder über Land wanderte und gedankenversunken, ohne viel auf den Weg zu achten, die Landschaft durchmaß, da versuchte der Teufel aufs neue, ihm listig eine Falle zu stellen. Er nahm flugs die Gestalt eines Wandersmannes an, um überhaupt mit Martin ins Gespräch zu kommen. So machte er gar hurtige Schritte, um Martin einzuholen. Als er diesen erreicht hatte, fragte er harmlos nach woher und wohin, nach dem Wetter auch, obwohl dies doch offensichtlich ganz ordentlich war. Martin brummte hin und wieder eine Antwort, doch so ganz war er nicht bei der Sache, denn ihm gingen andere Dinge im Kopf herum.
So verstrich einige Zeit, bis die Beiden an ein großes Feld kamen. Der listige Teufel hatte dieses Feld vorher besät und wollte nun Martin hereinlegen. So fragte er ihn ganz harmlos, ob er wohl sagen könne, was auf diesem Felde gesät sei.
Martin hatte inzwischen wohl gemerkt, wen er da neben sich hatte, denn kein Teufel kann sein Wesen ganz verleugnen und sich so verstellen, daß es keiner merkt. So gab Martin auf die Frage seines unfreiwilligen Wandergesellen zur Antwort: «Diese Nacht wird ein Tier auf das Feld kommen!»
Dem Teufel kam diese Antwort merkwürdig vor, er beschloß aber, auf der Hut zu sein und in der Nacht zu wachen.

Wenig später bereitete sich Martin am Waldrand ein Lager, um dort die Nacht zu verbringen. Der Teufel wollte natürlich nicht auch dort lagern, sonst wäre ja sein Vorhaben zu sehr aufgefallen. Er grüßte deshalb Martin und ging davon.
Kaum aber war er verschwunden, da ging Martin in den Wald, sammelte sich viele Federn, auch Harz, mit dem er sich die Federn auf sein Gewand klebte, sodaß er aussah wie ein großer dunkler Vogel. Dann wartete er am Feldrand, bis es ganz dunkel war. Als er kaum noch die Hand vor Augen erkennen konnte, schmunzelte er in sich hinein, ließ sich auf alle viere nieder und hopste ungelenk mitten ins Feld.
Dort gewahrte er den Teufel, der bereits gierig lauerte. Als Martin nun, eifrig schnaufend ins Feld kam, rief der Teufel in die Nacht hinein: «Was ist das für ein freches Tier, das in mein Feld kommt, trampelt und schnauft und meine frisch gesäten Linsen zerstört?»
Kaum aber hatte Martin dies gehört, da hopste er geschwind wieder in den Schatten des Waldes, legte sich beruhigt hin und schlief friedlich bis zum Morgen. Als der Geselle vom Vortag sich dann einfand und nach der gesäten Pflanze fragte, da wußte Martin die Antwort wohl und hatte damit die Wette gewonnen. Der Teufel aber konnte seinen Unmut nicht verhehlen, denn er sah, daß Martin ihn auch diesmal erkannt und überlistet hatte.

*

Lange Zeit verging, doch hatte der Teufel seine Schlappen noch nicht vergessen. Immer wieder schlich er um die Behausung Martins und suchte nach einer Möglichkeit, ihm zu schaden, ihn doch noch zu überlisten.
Einmal war Martin nachts noch lange wach und studierte beim milden Licht seiner Kerze. Ein langer und mühevoller Tag lag hinter ihm und doch konnte er keinen Schlaf finden. Die Ruhe der Nacht tat ihm wohl und seine Gedanken waren voll von den Dingen, die ihm die Heilge Schrift verkündeten.
Plötzlich aber klopfte es laut und vernehmlich an die Tür zu seiner Zelle, sie öffnete sich von selbst und eine blendende Gestalt trat herein. Angetan mit einem purpurnen Mantel, mit goldenen Stiefeln und einer von Diamanten und anderen Edelsteinen funkelnden Krone, näherte sich diese Königsgestalt freundlich und heiter, blieb vor Martin stehen und fragte den Verdutzten mit wohllautender Stimme:
«Nun, Bruder Martin, erkennst du nicht den, den du anbetest, denn wisse, ich bin Christus der Herr, der wieder auf die Erde niedersteigen will. Doch wollte ich zuvor dir, meinem treuen Diener, die Kunde als erstem geben – mich dir offenbaren.»
Martin schaute die glänzende Gestalt vor sich lange und

durchdringend an, senkte dann den Kopf in tiefem Nachdenken und schwieg.
Ein leichtes Lächeln huschte da über das Gesicht des Fremden, wie bei einem Spieler, der sein Spiel gewonnen glaubt. Und abermals hub er mit seiner tönenden, wohllautenden Stimme an zu sprechen:
«Warum zweifelst du und glaubst nicht, da du mich hier siehest? Wisse, ich bin Christus, der Herr!»
Doch Martin hielt weiter den Kopf gesenkt und schwieg, denn ihm zogen gar manche Geschehnisse vor seinem inneren Auge vorbei. Hatte er nicht vor vielen Jahren, damals am Wegesrand, seinen Mantel mit dem Bettler geteilt? Seine Hülle hatte den Armen umhüllt und eine Verbindung geschaffen, so wie jede Gabe eines echten Gebers, der teilt und mithin auch am Geiste des Anderen teilhat. Und war ihm nicht in der Nacht danach die lichte Gestalt des Erlösers erschienen mit den bedeutungsvollen Worten: ‹Was du getan an dem geringsten meiner Brüder, das hast du mir getan!›?
Ja, und jetzt stand vor ihm diese gleißende Gestalt und forderte zum dritten Mal, mit etwas spöttischen Lächeln, doch immer noch mit einschmeichelnder Stimme, eine Antwort:
«Bruder, was zweifelst du noch, sag, ob du mich erkennst!»
Martin aber, das Bild jener fernen Nacht noch ganz ein-

dringlich vor sich, antwortete aus tiefstem Herzen heraus:

«Wisse denn, mein Herr Jesus Christus hat nicht gesagt, daß er im Glanze kommen werde, noch in Purpur und mit glitzernder Krone. Darum glaube ich nicht, daß er es ist, der vor mir steht, ich müßte ihn denn in der Gestalt sehen, in der er litt und die Wundmale der Kreuzigung an ihm erkennen.»

Als Martin dies sagte, war es auf einmal wie Nebel vor seinen Augen und es verwandelte sich die trügerisch-glänzende Erscheinung vor ihm plötzlich in ihre wahre Gestalt, in die Gestalt des Bösen, des großen Täuschers, der nun wutschnaubend, mit mächtigem Gestank von dannen floh.

Von da an lauerte der Teufel wohl noch immer in der Nähe, denn er konnte es nicht lassen, den Heiligen zu beobachten. Doch er traute sich nicht mehr, irgend etwas gegen den frommen Bischof Martin zu unternehmen und dieser hatte fortan seine Ruhe vor dem listigen Gesellen.

FEUERWUNDER

Es geschah einst, daß der Bischof Martin von seiner Gemeinde beauftragt wurde, dem Kaiser eine dringende Bitte vorzutragen. Valentinianus hörte durch seine Diener davon und da er gar knauserig war, wollte er den Bittsteller nicht anhören. Er gab den Palastwachen daher Anweisung, die Tore zu verschließen und den Bischof nicht einzulassen.
Martin kam zum Tor des Palastes und fand es verschlossen. Er befragte die Wachen, was das zu bedeuten habe, da doch sonst jedermann zum Kaiser vorgelassen würde. Die Wachen jedoch schwiegen und so kehrte Bischof Martin wieder um. Ein zweites und auch ein drittes Mal versuchte er, in den Palast eingelassen zu werden, doch jedes Mal verwehrten ihm die Wachen den Zutritt.
Voller Gram ging Martin in seine Klause zurück und besann sich, wie er wohl zum Kaiser gelangen könnte. Da zog er sich ein härenes Büßergewand an, streute Asche auf sein Haupt und nahm eine Woche lang weder Speise noch Trank zu sich. Als er so betend in seiner Zelle kniete und in seinem Herzen Gott um Rat fragte, was er wohl tun könne, da erschien ihm ein Engel, der ihm bedeutete, er solle den Gang zum Palast ein weiteres Mal versuchen, diesmal würde ihm kein Hindernis in den Weg gestellt

werden. In seinem härenen Büßergewand ging nun der Bischof ein weiteres Mal zum Palast und niemand hinderte ihn, sodaß er alsbald vor den Kaiser gelangte. Wie der Kaiser ihn aber kommen sah, da ward er gar zornig, daß Martin es diesmal geschafft hatte, vor ihn zu gelangen. Er unterließ alle Höflichkeit und blieb auf seinem Thron sitzen, von wo aus er finster dem Ankömmling entgegenstarrte. Als dieser sich näherte, schossen aber plötzlich Flammen aus dem Thron empor, die des Kaisers Hinterteil versengten. Wütend und voller Schmerzen sprang er da auf und wollte schon in unguten Worten den demütig vor ihm Stehenden anfahren, da wurde ihm das Geschehen erst wirklich bewußt und er mußte sich eingestehen, daß ihm hier die Macht Gottes gezeigt worden war. Sein Sinn wandelte sich, er ging auf den Bischof zu und umarmte ihn, ließ sich auch gleich das Anliegen schildern, dessentwillen Martin zu ihm gekommen war und bewilligte ihm alles. Darüber hinaus bot er Bischof Martin große Gaben, die dieser aber in seiner Bescheidenheit ablehnte, denn er war froh, seiner Gemeinde die Zustimmung des Kaisers bringen zu können.

*

Streng war Bischof Martin gegen sich selbst. Meist trug er nur grobe Kleidung und des nachts lag er auf hartem Lager, auf härenem Sack.

Einst besuchte er ein Kloster in einer Stadt seines Bistums und die Mönche hatten ihm mit reichlich Stroh ein bequemes Lager bereitet. Als Martin sich zur Ruhe legte, bemerkte er die Weichheit des Bettes, warf das Stroh auf den Boden, bis nur noch die harte Unterlage übrig war und legte sich dann nieder.
Um Mitternacht aber trieb der Wind sein Spiel im Kamin und fegte einige Funken durch den Raum, die ins trockene Stroh fielen, welches sofort Feuer fing. Martinus erwachte und wollte hinausgehen, doch die Türen brannten bereits und das Feuer ergriff seine Kleider, was ihm schmerzliche Pein bereitete. Da blieb er stehen und nahm seine Zuflucht zum Gebet, zuversichtlich, wie er es aus anderen gefährlichen Situationen gewohnt war. Er machte das Zeichen des Kreuzes und stand inmitten des Feuers, unversehrt, und spürte die Hitze nicht anders als kühlen Tau.
Unterdessen waren auch die Mönche wach geworden, sahen das gewaltige Feuer und meinten nicht anders, als daß ihr Bischof in den Flammen umgekommen sei. Doch wie sie näherkamen und genauer hinsahen, da erkannten sie ihren Irrtum, denn sie fanden ihn in stillem Gebet inmitten der Flammen und der Hitze. Einige Brüder hatten bereits angefangen zu löschen und sowie sie den Bischof erreichen konnten, führten sie ihn heraus und in eine sichere Kammer.

So wurde Martinus kraft seiner Zuversicht und seines Gebetes Herr über das Feuer, und die Mönche, die dieses große Wunder miterlebt hatten, priesen Gott,den Herrn und verehrten in der Folgezeit ihren Bischof nur noch mehr.

*

Einstens reiste Martinus im Lande und predigte das Evangelium. Da kam er auch zu einem Tempel der Heiden und so unbedingt war sein Glaube, daß er den Tempel nicht dulden wollte. So legte er Feuer daran und sah zu, wie er niederbrannte. Doch während er noch stand, drehte sich der Wind und trieb die Funken des Feuers aufs Nachbarhaus, das gleich anfing zu brennen. Als Martin das sah, stieg er flugs auf das Dach des brennenden Hauses und stellte sich den Flammen entgegen. Und wie er die Hände hob und sich betend dem Feuer stellte, da drehten die Flammen gegen den Wind und es sah aus, als wollten die Elemente gegeneinander streiten. Das Feuer aber ward auf diese Weise von dem Hause abgewandt und kein Schaden geschah.

MARTIN UND DIE ZORNIGEN RITTER

Milde, Erbarmen, Gerechtigkeitssinn und große Geduld waren die Eigenschaften, die bei Martin weithin bewundert und gerühmt wurden. Seine Geduld ging so weit, daß er auch Beleidungen, die ihm gar manchmal niedere Kleriker wegen seiner einfachen Lebensweise angedeihen ließen, einfach hinnahm, ohne die Beleidiger zu strafen, deren oberster Bischof er doch eigentlich war. Niemand sah ihn je zürnen oder trauern, denn stets waren ihm Christi Taten Vorbild und Ansporn. Oft auch war er so einfach gekleidet, daß er nicht erkannt ward und manche Schmähung ertrug er deswegen.

Eines Tages ritt er wieder einmal auf seinem Esel über Land, angetan mit einem groben Gewand und sein weiter schwarzer Mantel flatterte im Winde um ihn wie Schwingen eines Riesenvogels. Der Wind nahm zu und das Flattern wurde wilder, doch Martinus kümmerte sich nicht um das tobende Wetter. Er bemerkte auch nicht, daß vor ihm aus dem Walde einige Ritter aufs freie Feld geritten kamen, direkt auf ihn zu. Als die Ritter ihn gerade erreicht hatten, fuhr wiederum ein heftiger Windstoß in Martins Mantel und ließ diesen so sehr flattern und knattern, daß die Pferde der Ritter scheuten und die Herren Mühe hatten sich im Sattel zu halten. Darob waren die

Geharnischten furchtbar erzürnt und sie sprangen von den Rossen, warfen die Zügel den Knechten zu und fielen über Martinus her und schlugen ihn hart. Dieser aber blieb stumm und bot ihnen geduldig seinen Rücken. Die Ritter vermeinten deswegen, er spüre die Schläge nicht und wurden nur noch grimmiger.

Nach einer Weile ließen sie ab und gingen auf ihre Pferde zu, um von dannen zu reiten. Doch zu ihrem maßlosen Verdruß blieben die Roße am Boden fest und so sehr die Ritter sie antrieben, sie schlugen und die Knechte sie zerrten, es gelang ihnen doch nicht, sie auch nur ein weniges vom Platz zu bewegen, sie standen festgewachsen wie Felsblöcke.

Grollend stiegen die Herren wieder ab und sahen in einiger Entfernung den Bischof Martin neben seinem Esel knien und beten. Da erkannten sie plötzlich, wen sie so grob behandelt hatten und sie begaben sich demütig zu dem Heiligen, baten ihn um Verzeihung und Vergebung dessen, was sie in ihrer großen Unwissenheit getan hatten.

Als der Bischof sie solchermaßen in echter Reue vor sich sah, vergab er ihnen. Alsbald konnten sich auch die Pferde wieder bewegen und kurz darauf trabte die ganze Gruppe eilig von dannen.

MARTIN UND DER HEIDENBAUM

Auf mühsamen Wegen zog Martin mit seinen Begleitern durch das Land. Zu den Unbilden des Weges gesellten sich solche des Wetters und oft wußte die kleine Gruppe nicht, wo sie des Abends Unterschlupf finden würden. Martins Eifer aber, das Christentum zu verbreiten und die alten, heidnischen Gebräuche durch christliche zu ersetzen, trieb sie vorwärts. So kamen sie eines Tages in ein Dorf mit einem alten Tempel und einer hohen Tanne daneben. Martin erzählte den Dorfbewohnern von Christus, dem Erlöser und seiner Lehre und weil er auch die Meinung vertrat, daß die alten Götter neben Christus nicht bestehen könnten, ließ er von seinen Helfern den Tempel abbrechen und half auch selbst dabei. Die Einwohner standen erschrocken da und erwarteten ein Zeichen, daß der vermeintliche Frevel geahndet würde. Doch nichts geschah. Als aber der Tempel abgebrochen war, machte sich die kleine Gruppe daran, den heiligen Baum daneben zu fällen. Da trat der Dorfälteste, der zugleich der Priester des Tempels war, auf Martin zu und fuhr in zornig an: «Wozu seid ihr gekommen? Wir wollen deinen Gott nicht, wenn du auch von seiner Macht und Herrlichkeit kündest.»
Ruhig entgegnete ihm Martin: «Die Götter, von denen

du sprichst, die gibt es nicht, denn alle sind sie nur Aspekte des Einen, der über allen steht und dessen Sohn Christus ist. Ihm gehört die Macht über die Welt!»
Doch der Dorfpriester gab nicht nach und rief: «Gar mächtig sind unsere Götter, das wollen wir dir zeigen und du sollst dich mit ihnen im Kampfe messen.»
Voller Zuversicht und gelassen sprach Martin: «Wohl, so sei es. Du aber sage mir, wie der Kampf vor sich gehen soll.»
Der Dorfpriester sagte da: « Du hast uns von der Macht deines Gottes gesprochen. Wohl, wenn du solches Vertrauen in ihn hast, dann lasse dich dort auf der Lichtung fesseln, genau in der Fallrichtung des Baumes. Wir werden den Baum fällen – trifft er dich, so sind die alten Götter stärker – trifft er dich nicht, so wirst du bei uns ein williges Ohr finden, denn dann ist die Macht deines Gottes erwiesen.»
Martin stimmte dieser Probe zu, ließ sich fesseln und schaute voller Vertrauen auf den Baum, den zu fällen sich die Dorfbewohner bereits anschickten. Martins Begleiter standen bleich und voller Schrecken daneben, als der große Baum schließlich in seinem Wipfel erzitterte und sich langsam der Stelle zu neigte, an der Martin kniete. Dieser jedoch hob ruhig die gefesselten Hände, machte gegen den Baum das Kreuzeszeichen und sah, wie der mächtige Stamm sich im Fallen zur Seite drehte und etli-

che Meter weiter zur Erde stürzte, sodaß er beinahe noch die neugierigen Zuschauer gestreift hätte.
Die Dörfler huben da ein lautes Schreckensgeschrei an, Martin und seine Begleiter aber lagen auf den Knien und dankten Gott für die wunderbare Rettung. Und als der Priester und die Bauern die demütig Betenden sahen, ließen sie ab von ihrem Geschrei und kehrten ihre Herzen dem Gott der Christen zu, der sich als der Stärkere erwiesen hatte.

DER MARTINSFISCHER ODER EISVOGEL

Bischof Martin war innig vertraut mit den Elementen, er hatte Macht über das Feuer, die Winde gehorchten ihm und das Wasser rauschte ihm entgegen. Die Erde liebte er und alle Geschöpfe, die sich auf ihr bewegten. Die Tiere sah er als seine Brüder und Schwestern und fühlte sich ihnen verbunden, half ihnen, wo es gegeben war, aus mancher Notlage. So sah er einst, wie Hunde gar grimmig ein Häslein jagten, das noch jung war und die Finten des Lebens noch nicht kannte. Da gebot er den Hunden, daß sie von der Verfolgung abließen und sie standen mitten im Laufe da, als wären sie gebannt. So konnte der Hase

davonkommen und sich flugs in Sicherheit bringen. Auch sah er auf einem seiner Gänge eine Schlange hurtig über einen Fluß schwimmen. Drüben am anderen Ufer aber war viel junge Brut, durch die Schlange aufs höchste gefährdet. Da rief er die Schlange an und sprach also zu ihr: «Im Namen des Herrn aller Geschöpfe gebiete ich dir, kehre um und lasse die junge Brut in Frieden.»
Alsbald wandte sich auf das Wort des Heiligen hin die Schlange um und schwamm wieder zurück, dorthin, woher sie gekommen war. Und wieder ein anderes Mal, da wanderte Martin mit seinen Gefährten über Land und ein Hund bellte ohne Grund die kleine Gruppe gar wütend an. Da gebot ihm der Bischof mit ruhiger Gebärde zu schweigen und der Hund hielt inne, als sei ihm die Zunge abgeschnitten. Martin aber sprach bei sich: ‹Die Tiere hören mich, aber die Menschen haben allzu oft taube Ohren.›

So war der Bischof Martin viel im Lande unterwegs, ob es nun gutes oder schlechtes Wetter hatte, ob die Sonne schien oder Regenböen, vom Wind getrieben, über das Land fegten. Die Armen liebten ihn, weil er gab, wo er nur irgend konnte, Mühe und Widrigkeiten nicht achtend, und seine heilende Hand linderte gar manchen Schmerz.

Sein barmherziges Wesen und sein Gerechtigkeitssinn umfaßten immer alle Kreaturen. Da aber die Menschen sich doch vielfach selber helfen konnten, war er den Tieren gegenüber beonders aufmerksam und half ihnen, wenn die Menschen vielleicht vergessen hatten, was sie den Tiergeschöpfen verdankten.

Als Martin nun eines Tages wieder einmal durch die Lande zog, da kam er in ein liebliches Tal. Ja, so heiter war hier die Landschaft, daß Martin, der sonst auf seinen Wegen oft den Blick sinnend gesenkt hielt und seinem Pferde die Zügel locker ließ, nicht anders konnte, als dies wunderbare Bild der Landschaft zu schauen und einmal mehr Gott für seine Schöpfung zu danken. Und als seine Augen über das Tal schweiften, da bemerkte er in einem Bach einen gar häßlichen, grau und schmutzig-schwarzen Vogel, der fischte. Martin rief mit leiser Stimme den Vogel an, der neugierig aufschaute und alsbald zu dem Mann mit der lockenden Stimme geflogen kam. «Ich danke dir», sagte Martin zu dem Vogel, «daß du dein Tagewerk unterbrochen hast und zu mir gekommen bist. Für deine Bereitwilligkeit will ich dich belohnen und dir ein neues Federkleid geben, damit dein Aussehen dieser lieblichen Landschaft angemessen erscheint.»

Und Martin verwandelte kraft der Gaben, die Gott ihm zuerkannt hatte, den Vogel und gab ihm ein leuchtend blaugrünes Obergefieder, rotbraune Brustfedern und am Hals zartweiße Fläumchen. Der Vogel schaute den Bischof dankbar an und wollte sich gerade wieder in die

Luft erheben, da fügte Martin noch hinzu: «Und Erlaubnis sollst du haben, in allen Bächen und Flüssen zu fischen. Aber auch eine kleine Aufgabe will ich dir übertragen, damit das Besondere deiner Erscheinung den Menschen ein Zeichen sei. Scheu sollst du bleiben wie auch bisher schon, doch wenn die Menschen dich mit sehnendem Herzen suchen, dann zeige dich, kurz nur, wie ein leuchtender, saphirblauer Blitz. Die Suchenden werden dann ahnen, daß ihr Schicksal an einer Wende ist – du aber wirst als ‹Deuter des Weges› gesehen. Dein Name soll von nun an auch ‹Martinsfischer› heißen. Deinem Weibchen aber sollen besonders kräftige Flügel wachsen, damit es bei langen Flügen dich zwischendurch tragen und entlasten kann, bis du wieder frisch bist. Das soll ein Zeichen sein, wie in echter Gemeinschaft ein Weib mit starker Seele dem Partner beisteht, ihn stützt und ihn kräftigt, wenn ihn des Alltags Last ermüdet hat.»
Mit diesen Worten und einer segnenden Geste entließ Martin den Vogel, der sich pfleilschnell in die Lüfte erhob, um sich dann etwas entfernt auf einen Ast zu setzen und wieder nach Beute auszuspähen.
Von diesem Tag an ist der Eisvogel einer der schönsten Vögel in der Touraine und der Loiregegend, wo man ihn unter dem Namen ‹Martinsfischer› kennt. Sein Weibchen hat starke Flügel, um bei langen Flügen das Männchen zu entlasten. Den suchenden Menschen aber erscheint er oft

in Situationen, die eine Wende bedeuten, doch nur besonders Geduldige bekommen ihn zu Gesicht und auch dann meist kurz – wie einen blauen Blitz.

MARTIN AM HOFE DES KAISERS MAXIMUS

Kaiser Maximus hatte das Christentum angenommen und als er nun ein Fest feierte, wollte er den Bischof Martin und einen seiner Mönche auch dazu einladen. Der Bischof aber sträubte sich, denn für üppige Feste hatte er nichts übrig. Auch wollte er sich nicht mit einem Manne zusammensetzen, dem die Kaiserwürde nicht rechtens zugekommen war. Der Kaiser aber ließ nicht locker, sandte ihm abermals einen vornehmen Boten und hieß dem Bischof berichten, daß er die Kaiserwürde ja gar nicht gewollt habe, seine Soldaten hätten ihn in Britannien zum Kaiser gewählt und diesem Auftrag hätte er sich nicht entziehen können. Martinus spürte die Aufrichtigkeit in des Kaisers Botschaft und erklärte sich bereit, beim Fest zu erscheinen. Als er sich auf den Weg machte, da sah er neben dem Palast ein festes Haus, hinter dessen vergitterten Fenstern Gefangene saßen. Diese erkannten den Bischof und flehten ihn an, beim Kaiser

ein gutes Wort für sie einzulegen, denn sie säßen hier ohne alles Urteil und ohne Schuld. Martinus versprach ihnen Hilfe und betrat den Palast, wo ihn Wachen alsbald zum Festsaal geleiteten. Als der Kaiser ihn erblickte, stand er auf und rückte ihm eigenhändig den Sessel zurecht, um ihn zu ehren, doch Martin lächelte und sprach: «Nicht eher will ich Platz nehmen, bis du mir eine Bitte gewährt hast, die du in deiner kaiserlichen Großmut leicht erfüllen kannst.» Der Kaiser war bester Laune und sofort bereit, die Bitte zu gewähren, was es auch sei. Da bat ihn Martin mit bewegten Worten: «Auf dem Wege zu deinem Palast sah ich in einem festen Haus Gefangene, die dort unschuldig eingekerkert sind und diese bitte ich freizulassen.»

Da mußte der Kaiser wohl sein Versprechen wahr machen und er gab Befehl, die Gefangenen freizulassen. Erst dann setzte sich Martinus zu Tisch und der Begrüßungstrunk wurde ihm in einem schönen Pokal gereicht.

Nun war es Sitte am Hof, daß wohl der Gast als erster den Pokal gereicht bekam, danach aber gleich der Kaiser als Gastgeber. Martinus trank einen kleinen Schluck, gab dann den Pokal jedoch weiter an den Mönch, der mit ihm gekommen war.

Alle Hofbediensteten und die anderen Gäste erstarrten und glaubten nicht anders, als daß der Kaiser jetzt dem Bischof im Zorn die Türe weisen würde. Wie erstaunt

aber waren sie, als der Kaiser verstehend lächelte, und indem er von dem Mönche den Pokal empfing, sich demütig setzte und mit heiteren Worten das Fest seinen Lauf nehmen ließ. Bei sich aber erinnerte er sich jenes Christuswortes, das da sagt:
‹Streitet euch nicht um die ersten Plätze. Wer auf Erden immer der Erste sein will, der könnte einmal der Letzte sein im Himmelreich!›

DAS KLEID DES ARMEN

Bischof Martin war auf einer seiner Reisen in eine andere Stadt gekommen und wie es seine Gewohnheit war, wollte er gleich nach seiner Ankunft in der dortigen Kirche eine Messe lesen. Vor der Kirche warteten schon die Leute, denn sie hatten von der Ankunft des Bischofs gehört und wollten den beliebten Mann predigen hören. Einer aber stand dort in einem zerlumpten und zerrissenen Gewand, das mehr Löcher als heile Stellen hatte. Dieser Arme bat Martin mit verzweifelter Gebärde um ein neues Kleidungsstück. Nun befand sich unter den Begleitern des Bischofs auch sein Diakon Briccius, ein gar mürrischer Mann, der nicht ganz im Geiste Martins

wirkte. Diesem nun gab Martin den Auftrag, dem Armen ein Gewand zu besorgen. Als aber der Bischof weiterging, drehte auch der Diakon den Rücken und ließ den Bettler stehen.
Wie nun der Bischof sich in der Sakristei gerade anschickte, die Messe vorzubereiten, da drang der verzweifelte Mann zu ihm ein und sprach abermals seine Bitte aus, denn der Diakon habe vergessen sie zu erfüllen, der Bischof möge ihm sein Eindringen verzeihen, ihn friere jedoch schon schlimm. Da sah Martin, daß der harte Diakon seinen Auftrag nicht erfüllt hatte, wandte sich ab und zog unter dem Mantel seine eigene Kleidung aus und reichte sie dem Frierenden. Der Arme war sehr froh als er die Kleider bekam, er hatte aber nicht bemerkt, daß es des Bischofs Gewand war, welches er bekam. Er bedankte sich von ganzem Herzen bei dem Geber und ging seiner Wege.
Bald darauf betrat der Diakon die Sakristei und sagte, daß das Volk schon draußen warte, der Bischof möge doch den Gottesdienst beginnen. Martin aber sprach da zu ihm: «Ich kann die Messe erst halten, wenn der Arme sein versprochenes Kleid bekommen hat.» Der Diakon schaute sich darauf verwundert in der Sakristei um und meinte, er sähe keinen Armen. Bischof Martin entgegnete ihm: «Wohl fände ich den Armen, hätte ich denn ein Gewand für ihn.» Der Diakon hatte aber den Sinn der

Worte des Bischofs nicht verstanden, er wurde zornig, ging eilends hin und kaufte für fünf Silberlinge ein gar grobes Gewand, welches er dem Bischof hinwarf, damit dieser es dem Armen gebe. Doch Martin verlor die Ruhe nicht, bat den Aufgeregten mit sanfter Stimme, er möge doch draußen auf ihn warten. Als der Diakon die Türe dann etwas unsanft geschlossen hatte, lächelte Martin, ging in eine Ecke und zog dort das grobe Gewand an, das ihm gebracht worden war. Doch das Kleidungsstück war viel zu kurz und die Ärmel gingen gerade bis zum Ellenbogen. Es war aber nicht weiter Zeit, darüber etwas zu sagen und so ging Bischof Martin in die Kirche und hielt mit großer Andacht die Messe. Als er dann, wie es während der Messe Sitte ist, die Hände zu Gott aufhob, da rutschten die leinenen Ärmel an den mageren Armen hinab. In diesem Moment erschien eine feurige Kugel über seinem Haupte und Engel bedeckten seine Arme und alle sahen sie dies Wunder und stellten Martin mit den Aposteln gleich.
Der Diakon aber, der dies alles mit ansah, ahnte nun wohl den Zusammenhang und schämte sich seiner zornigen Handlungsweise.

DIE HEILUNG DES AUSSÄTZIGEN

Bischof Martinus war kein Arzt und doch hatte er Gaben des Heilens, die einem gewöhnlichen Sterblichen versagt waren. Und da er auf seinen ausgedehnten Reisen, die immer voller Mühsal waren, auch in ganz entlegene Gegenden kam, da passierte es gar oft, daß die Leute seine Hilfe in Anspruch nahmen, denn der Ruf eines Wundertätigen ging ihm voraus. So begab es sich, daß er auch eines Tages an einer Richtstätte vorbeikam und dort einen Mann hängen sah. Wie er ihn anschaute, entstand in seinem Inneren die Überzeugung, daß dieser unschuldig zu Tode gekommen war. Geschwind ließ er ihn abknüpfen, legte seinen eigenen Mantel auf den Boden und wärmte den Fremden mit seiner Körperwärme. Dabei betete er inständig zu Gott und bat um das Leben des Unschuldigen, dessen Zeit doch noch nicht abgelaufen sei. Und wie nun Martins Wärme durch den Körper des Fremden zog, da seufzte dieser plötzlich, wie nach langem Schlaf, schlug die Augen auf und sah lauter fremde Gesichter um sich. Als er seine Benommenheit abgeschüttelt hatte und erkannte, was der Bischof für ihn getan hatte, da dankte er seinem Wohltäter aus vollem Herzen. Alsbald kehrte er in sein Dorf zurück, wo alle mit Staunen die Geschichte vernahmen.

Ein anderes Mal kam Martin auf seiner Wanderung durch ein Sumpfgebiet, welches durch verschiedene Knechte gerade trockengelegt werden sollte. Einer der Knechte aber, ein noch junger Kerl, den hatte bei der Arbeit eine Schlange gebissen und nun lag er am Boden und wand sich in Krämpfen. Da zögerte Martin nicht lange, kniete sich neben den Knecht und saugte mit aller Kraft das Blut mit dem Gift aus der Bißwunde. Bald hörten die Krämpfe auf, den Knecht zu plagen und er konnte wieder normal atmen. Sein gesunder Körper erholte sich schnell und beruhigt konnten Martin und seine Begleiter von dannen ziehen. Der überfrohe Knecht aber gab ihnen noch ein Stück das Geleit, ehe er sich verabschiedete und wieder zu seiner Arbeit zurückging.
Wieder ein anderes Mal kamen die Klosterbrüder mit Martin nach Paris. Wie sie sich dem Tore der Stadt näherten, da stand am Wege bettelnd ein Aussätziger, gar schlimm und erbärmlich anzusehen. So sehr hatte ihm die Krankheit schon die Glieder und das Gesicht zerfressen, daß er nur mit Mühe in der einen Hand die Bettelschale und in der anderen die Klapper halten konnte, die die Leute auf ihn aufmerksam machen sollte.
Als nun Martin näherkam, überfiel ihn das Erbarmen mit diesem armseligen Menschen und trotz dessen übelriechender Wunden nahm er ihn in seine Arme, segnete ihn und küßte ihm sein zerfressenes Gesicht. Kaum aber war

diese Tat der Nächstenliebe geschehen, da ging eine Verwandlung mit dem Siechen vor sich, sein Gesicht glättete sich, die Wunden verschwanden und die Stümpfe an seinen Gliedern wuchsen nach und wurden wieder heil. Alle, die dieses Geschehen mit angesehen hatten, standen staunend und priesen den Bischof und seine Menschenfreundlichkeit. Dieser aber ging in stillem Gebet seines Weges und in die Stadt.
Am anderen Tag jedoch, als er die Frühmesse gerade abgehalten hatte, kam der Geheilte, der nun seit langem wieder einen Gottesdienst hatte besuchen können, bedankte sich abermals und zog dann froh seiner Wege.

VOM HINGANG DES BISCHOFS MARTIN

Viele Reisen unternahm Bischof Martin noch kreuz und quer durch das ganze Land, das wir heute Frankreich nennen. Da aber Wege und Stege nicht wie heute gepflegt das Land durchzogen, waren seine Wanderungen gar mühsam. Dazu kam, daß er seinen Körper nicht schonte, ihm keine Annehmlichkeiten gönnte und immer nur auf einer Matte über dem blossen Boden schlief. Selten aber war er krank, so sehr er auch seinen Körper be-

anspruchte. Doch die Zeit verstrich und Martin war schließlich achtzig Jahre alt geworden. Die Reisen fielen ihm nicht mehr so leicht und immer öfter mußte er ein Maultier besteigen, um seine verschiedenen Aufgaben zu erfüllen. Seine Mitbrüder im Kloster redeten ihm wieder und wieder zu, er möge sich schonen, doch keine ihrer Bitten half. Schon vor langer Zeit hatte er ihnen in seiner Hellsicht seinen Tod vorausgesagt und solange die Zeit nicht gekommen war, würde er nicht von seinen Verpflichtungen abgehen.
Eines Tages mußte er in die Gemeinde Candes, etliche Meilen südwestlich von Tours an der Loire gelegen. Dort hatte er einen Streit zu schlichten. Mit wenigen Begleitern machte er sich auf den Weg. Unterwegs sah er einige Tauchvögel fischen und er wandte sich zu seinen Begleitern und sagte zu ihnen: «Seht diese Vögel, sie machen es wie die Teufel mit den Seelen, sie stellen Unvorsichtigen nach und fangen sie unversehens, verschlingen sie und werden doch nicht satt.»
So zog die kleine Gruppe weiter, sie erreichte das Dörfchen Candes und Martin schlichtete den Streit zur Zufriedenheit der Beteiligten, denn seine Milde und Weisheit halfen ihm, die richtigen Worte zu finden.
In der folgenden Nacht aber überfiel ihn ein Fieber, seine Kräfte ließen nach und er erkannte, daß nun sein Ende nahe sei. Als er den Brüdern davon sprach, weinten sie

allesamt und baten ihn, sie nicht zu verlassen. Von ihren Bitten und Tränen bewegt, weinte er mit ihnen und fragte sich, ob er wohl Gott bitten dürfe, ihm noch einige Zeit für seine Aufgaben zu geben. Andererseits war er doch auch müde und dachte daran, daß er ja nun bald seinem Herrn nahe wäre, dessen Willen er sich auch in dieser Sache unterwerfen wollte. So bereitete er sich innerlich auf den Abschied vor.

Die Brüder waren voller Sorge um ihn und baten, er möge doch dies eine Mal dulden, daß sie ihm ein bequemeres Lager aus Stroh bereiten dürften. Er aber bedeutete ihnen, es zieme einem guten Christen, einfach zu sterben, denn der Körper habe keine Bleibe im Jenseits. Und als sie ihn der Bequemlichkeit halber, damit er besser atmen könne, auf die Seite legen wollten, da sagte er, jetzt wäre die Zeit, auf dem Rücken zu liegen, damit der Geist auf den Himmel gerichtet sei und die Erde hinter sich ließe. Und noch in seiner Todesstunde sah er den Teufel neben seinem Lager lauern, der immer noch nach einer Gelegenheit suchte, dem Bischof zu schaden. Aber Martin sagte ruhig zu ihm: «Was stehst du hier, du listiger Geselle? Du wirst an mir nichts Unreines finden, so sehr du dich auch bemühst, denn ich werde dahingehen in Abrahams Schoß.» Als er dies gesagt hatte, versagte sein müder Körper den Dienst und der Atem floh ihn. Sein Antlitz aber leuchtete, als sei es schon verklärt und alle, die

um ihn standen vermeinten den Gesang der Engel zu vernehmen.
Zur Stunde seines Todes aber geschahen an verschiedenen Orten gar seltsame Dinge: der Bischof Severinus von Köln ging nach der Frühmette, wie es seine Gewohnheit war, zu den heiligen Stätten und er vermeinte, er würde die Engel musizieren hören. Er fragte seinen Archidiakon, ob auch er den Gesang höre und dieser lauschte angestrengt und bejahte dann. Darauf sagte ihm der Bischof, in diesem Augenblick sei Martinus, der heilige Bischof von Tours verschieden. Der Archidiakon merkte sich Tag und Stunde genau und als wenig später die Boten mit der Nachricht eintrafen, da bewahrheitete sich alles.
Noch an einem anderen Ort geschah Seltsames: Der Bischof Ambrosius war in Mailand gerade dabei, die Messe zu lesen, als er plötzlich über dem Altar einschlief. Der Subdiakon wunderte sich sehr, wagte aber weder, den Bischof zu wecken, noch selbst die Messe weiter zu lesen. So vergingen zwei Stunden, bis er sich endlich traute, Ambrosius zu wecken und ihm sagte: «Herr, das Volk harret und ist müde, gestattet, daß ich die Epistel zu Ende lese.» Ambrosius aber antwortete ihm: «Laßt es euch nicht betrüben, doch wisset, unser Bruder Martinus ist gestorben und ich war bei seinem Begräbnisse und habe es mit Feier begangen. Doch da ihr mich geweckt habt, so konnte ich den letzten Respons nicht mehr vollbrin-

gen.» Auch hier fand der Diakon Tag und Stunde durch die Boten wohl bestätigt und er war voller Staunen. Der Schüler des Bischofs Martin, Sulpicius Severus, war nach der Frühmette noch einmal in einen leichten Schlaf gefallen, da erschien ihm Martinus in einem weißen Gewande mit feurigem Angesicht, mit Augen, die wie Sterne blinkten und Haaren wie Purpur und er hielt das Buch in der Hand, das Sulpicius von Martins Leben geschrieben hatte. Hoch hielt er das Buch, segnete seinen Schüler und stieg wieder empor in die Himmelsweiten. Und als der Schüler seinem Meister folgen wollte, da erwachte er aus seinem Schlaf. Kurz darauf traf ein Mitbruder ein, der Martinus auf seiner Reise begleitet hatte und bestätigte auch hier die Todesstunde des Bischofs.

*

So sehr Martinus zu seinen Lebzeiten bemüht war, Streit zu schlichten und der Gerechtigkeit zu helfen, so wenig konnte er verhindern, daß gerade um seinen Leichnam ein Streit ausbrach. Die Mönche von Poitiers nämlich kamen und beanspruchten den Leib des Verehrten für sich, denn aus ihrem Kloster wäre er hervorgegangen. Die Brüder von Tours aber entgegneten, der Bischof sei durch Gottes Fügung zu ihnen gekommen und in ihrem Kreise sei er auch gestorben. Während nun die Mönche von Poitiers, müde von der langen Reise, in der Nacht

schliefen, da hoben die Mitbrüder Martins den Leichnam ihres Bischofs sachte aus dem Fenster, betteten ihn in einen Kahn und fuhren die Loire hinauf nach Tours. Tausende von Menschen kamen dann zum Begräbnis und auch die Mönche von Poitiers hatten sich damit abgefunden, daß der große Bischof in seiner Bischofsstadt beigesetzt wurde und ehrten ihn durch ihre Anwesenheit.
In der Folgezeit wurde die kleine Kirche zum Wallfahrtsort und Menschen aus ganz Europa kamen, den Heiligen zu ehren. Bald beschlossen die Priester, die Kirche zu erweitern, doch als sie den Sarg umbetten wollten, konnten auch die stärksten Männer ihn nicht von der Stelle bewegen. Wie sie sich von ihrer Mühe ausruhten, da erschien ihnen ein Greis von edler Gestalt und sprach: «Was säumet ihr? Seht ihr denn nicht, daß Martinus bereit ist, euch zu helfen, wenn ihr mit Hand anlegt!» Gemeinsam legten sie da alle Hand an den Sarg und mit Leichtigkeit konnten sie ihn an die neue Stelle bewegen, dahin, wo er noch heute verehrt wird. Der Greis aber, der ihnen geholfen hatte, wurde nicht mehr gesehen - es war, als hätte es ihn nie gegeben und doch konnten sie alle beschwören, die schöne Gestalt mit eigenen Augen gesehen zu haben.

VON MARTINS NACHFOLGER

Briccius war der Diakon des Bischofs Martin. Aber statt seinem Herrn nachzueifern, war er gar neidisch auf ihn und tat ihm manche Schmach an. So hatte er einem Armen ein neues Gewand vorenthalten, obwohl der Bischof ihn gebeten hatte, ein solches zu besorgen. Als ein anderes Mal ein Bittender zum Bischof kam, sprach Briccius zu ihm: «Suchst du den alten Toren, so schaue nur dort hinauf, denn er ist es, der allezeit wie ein Narr über sich in den Himmel sieht.»

Als der Arme beim Bischof gewesen war und empfangen, wonach er gebeten hatte, da rief Martinus, der die Rede seines Diakons gar wohl gehört hatte, diesen zu sich und fragte ihn: «Sage mir offen, dünket dich, daß ich ein Narr sei, Briccius?» Briccius leugnete seine Rede in großer Scham, doch Martin fragte weiter: «Wie willst du leugnen, da doch meine Ohren diese Rede aus deinem Munde deutlich hörten? – Aber ich sage dir, ich habe den Herrn gebeten, daß du mein Nachfolger im Amte werden sollst, doch mußt du auch wissen, daß viele Widerwärtigkeiten auf dich zukommen, die du erdulden mußt, denn deine Hoffärtigkeit kannst du nicht so schnell ablegen. Eines Tages aber wirst du meiner Worte gedenken.»

Der Diakon spottete über diese Worte, denn er zweifelte

daran, daß man ihn zum Bischof wählen würde. Doch alles geschah so, wie Martinus es Briccius vorausgesagt hatte. Nach seiner Wahl verwaltete er sein Amt sorgfältig und galt allgemein als frommer Mann, rein an Leib und Seele. Als er dreißig Jahre Bischof gewesen war, da geschah es, daß eine Frau, die gar fromm und gottesfürchtig tat und keine Messe versäumte, des Bischofs Kleider wusch. Als sie danach schwanger wurde und einen Sohn gebar, da ward das Volk gar zornig, zog mit Steinen vor des Bischofs Tür und bezichtigte ihn der Unreinheit. Der Bischof aber war sich keiner Schuld bewußt und leugnete die Missetat standhaft. Schließlich sagte er zu den Leuten: «Man bringe mir das Kind.»
Eilig brachten sie ihm das Kind, das inzwischen dreißig Tage alt war und Briccius sprach das Kind an: «Im Namen Gottes gebiete ich dir, hier frei vor allem Volk zu sagen, ob ich dein Vater bin.»
Darauf antwortete das Kind: «Du bist mein Vater nicht!»
Doch die Leute bezichtigten daraufhin Briccius der Zauberkunst und verlangten ein weiteres Zeichen seiner Unschuld und Reinheit. Da schüttete der Bischof glühende Kohlen in seinen Mantel und trug diesen zum Grabe des heiligen Martin. Und wie er dort ankam, sahen alle, daß die Kohlen seinem Mantel keinerlei Schaden angetan hatten. Doch noch immer waren die Leute nicht zufrieden, so daß Bischof Briccius zum Papste pilgerte und dort sie-

ben Jahre Buße tat. Inzwischen hatten aber die Leute einen neuen Bischof gewählt, den sie gen Rom sandten, er solle beim Papst erbitten, daß er sein Amt behalten dürfe. Auf dem langen und beschwerlichen Weg aber verstarb der neue Bischof und abermals wählte das Volk einen anderen.

Briccius hatte unterdessen seine Buße vollendet und zog seines Weges nach Tours. Etliche Meilen vor der Stadt gewahrte er einen Trauerzug und als er näherkam, sah er, daß man den Bischof Armenius, den das Volk an seiner Stelle gewählt hatte, soeben zu Grabe trug.

Ungehindert betrat er die Stadt und nahm sein Bistum wieder ein, das er noch weitere sieben Jahre betreute, bis er in Frieden entschlief.

WIE DER BLINDE UND DER LAHME WIDER WILLEN GEHEILT WURDEN

Einstens lebte da ein Blinder, der hatte sich mit einem Lahmen zusammengetan, um mit ihm gemeinsam zu betteln. Der Blinde nämlich war ein überaus kräftiger Geselle. Er nahm den Lahmen bei ihren Wanderungen auf den Rücken und verhalf ihm so zu einem Fortkommen. Der Lahme dagegen war klein und schmächtig, sodaß der Blinde keine große Mühe hatte, ihn zu tragen. Der Lahme fühlte sich wohl bei diesem Handel, denn er konnte dem Blinden den Weg weisen und es diente einer dem anderen. Selten waren ihre Beutel leer, als sie so durch die Lande zogen und selten auch, daß sie ohne Nachtlager blieben.

So gingen die Jahre dahin und die beiden Gesellen wünschten sich keine Veränderung ihres Zustandes. Der Sommer war verstrichen, der Herbst ging ins Land, die Scheuern lagen voll aus reichlicher Ernte und es war bereits Anfang November, als der Blinde und der Lahme sich wieder einmal einer großen Stadt näherten.

Es war Markttag dort und viele Menschen hatte sich aus nah und fern eingefunden, um ihre Waren zu verkaufen oder auch, um Vorräte einzuhandeln. Doch nicht des Marktes wegen kamen die Leute, sondern um des Martini-Festes willen, das am 11. November, dem Tag des Heiligen, durch eine große Prozession gefeiert werden sollte. In der Stadt bewahrte man in der St. Martinskirche eine Reliquie, die in kostbar verziertem Schrein aufbewahrt wurde. Es war ein Kleiod seltener Art, denn Wunderbares sagte man von ihm und viele Kranke, die den Schrein ehrfürchtig berührt hatten, gingen gesund nach Hause, manche sogar nur vom Zuschauen.

Der Blinde und der Lahme fühlten sich wohl im Gedrän-

ge der vielen Menschen, waren doch die Passanten an solchen Tagen meist in besonders guter Stimmung und leichter geneigt, den beiden Gesellen die Almosenschalen zu füllen, sei es mit Münzen oder mit Vorräten.
Als die Beiden jedoch von dem Umzuge mit der Reliquie des Heiligen hörten, da sprach der Blinde zu dem Lahmen: «Freund, mich deucht, dieser Schrein ist nichts für uns, denn würden wir gesund, dann wäre wohl die Grundlage unseres angenehmen Lebens dahin und kein Mensch würde uns mehr ein Scherflein spenden.» «Richtig hast du gesprochen, » entgegnete ihm der Lahme allsogleich, «wir wollen uns so schnell es geht aus dem Staube machen – in Seitengassen wandern, da, wo uns die Prozession nicht erreichen kann. So nimm mich auf deinen Rücken und eile, den Weg werde ich dir weisen!»
Der Blinde nahm also hurtig den Lahmen auf seinen breiten Rücken und, geleitet durch dessen Anweisungen, ging er seinen Weg durch Gassen und Gäßchen, der großen Prozession und den Hauptstraßen zu entgehen.
Sie waren noch nicht lange unterwegs, als sie sich in einem Durchgang befanden, der sie zu einer weiteren, kleinen Gasse bringen sollte. Doch kaum waren sie herausgetreten und bogen um die nächste Ecke, da standen sie unversehens dem Schrein an der Spitze der Prozession gegenüber. Und als sie, erschrocken, das Knie beugten – denn der Lahme war durch das plötzliche Anhalten des

Blinden von dessen Rücken gerutscht – da durchfuhr sie beide ein seltsames Gefühl: der Lahme spürte ein Kribbeln in seinen Beinen, die doch seit Jahren nicht zu gebrauchen gewesen waren, und er konnte ohne Mühe aufstehen und hatte keinerlei Behinderung mehr. Der Blinde, dessen Wahrnehmung der Welt bisher nur durch die Augen des Lahmen gegangen war, fühlte plötzlich ein Zucken in seinen Augenlidern und es war ihm, als sei unversehens ein Schleier vor seinen Augen hinweggezogen worden und er sah mit großem Erstaunen Gottes Welt mit klaren Augen. So standen die beiden Gesellen noch eine ganze Weile starr vor Schrecken und wußten sich in ihren neuen Zustand nicht so recht hineinzufinden.
Die Kunde davon verbreitete sich aber in Windeseile durch die ganze Stadt und mit jedem Erzählen wurde die Geschichte noch besser ausgeschmückt, denn nicht jeden Tag gab es da zwei Gesellen, die der Wunderkraft Martini entfliehen wollten und letztlich gegen ihren Willen doch geheilt wurden.

Marthinus adhuc kathecuminus hac veste me contexit

2. TEIL
GEDICHTE – WETTERSPRÜCHE UND MARTINSLIEDER

Wann der heilige Sankt Martin
Will der Bischofsehr' entfliehn,
Sitzt er in dem Gänsestall,
Niemand findt ihn überall,
Bis der Gänse groß Geschrei
Seine Sucher ruft herbei.

Nun dieweil das Gickgackslied
Diesen heil'gen Mann verriet,
Dafür tut am Martinstag
Man den Gänsen diese Plag',
Daß ein strenges Todesrecht
Gehn muß über ihr Geschlecht.

Drum wir billig halten auch
Diesen alten Martinsbrauch,
Laden fein zu diesem Fest
Unsere allerliebsten Gäst'.

Simon Dach

MARTINSLIED

Wie fröhlich mit den Freunden reit't
    Jung-Martin
übers Feld, das war verschneit.
    Martin,

hilf den Brüdern dein!
Es leuchtet prächtig um ihn her,
    Jung-Martin,
rot ein Mantel, Goldes schwer.
    Martin,
hilf den Brüdern dein!

Und als sie ziehen zur Brück heran,
    Jung-Martin,
sitzt im Schnee ein Bettelmann.
    Martin,
hilf den Brüdern dein!

Die Kleider ihm zerrissen sind,
    Jung-Martin,
durch die Lumpen schneidet der Wind.
    Martin,
hilf den Brüdern dein!

«Ach helft, ihr Herrn, aus meiner Not,
    Jung-Martin,
bin vor Kälten halber tot!»
    Martin,
hilf den Brüdern dein!

Die Herrn ziehn lachend auf die Brück –
    Jung-Martin!–
Einer wend't sein Pferd zurück:

Martin,
hilf den Brüdern dein!

Und liebst du wahrhaft Jesum Christ,
Jung-Martin,
dieser auch dein Bruder ist!
Martin,
hilf den Brüdern dein!

Den edlen Mantel unverweilt
Jung-Martin
mit dem Schwert in Hälften teilt.
Martin,
hilft den Brüdern sein.

«Nimm hin, mein Bruder Bettelmann, »
spricht Jung-Martin,
«dich und mich er wärmen kann!»
Martin
hilft den Brüdern sein.

Wir grüßen dich, Herr Jesus Christ,
mit Jung-Martin,
du des Ritters Bettler bist.
Hilf uns,
hilf den Brüdern dein!

Heinz Ritter-Schaumburg

MARTINSLIED

Es zog ein Ritter wohl über Land
Zur Winterzeit.
Martinus der Hauptmann ward er genannt,
Trug einen Mantel warm und weit,
Um Schutz zu finden
Vor eisigen Winden.

Und als er reitet durch das Tor
Mit reisiger Schar,
Da streckt ein Bettler die Arme empor,
Hungernd und frierend, in Lumpen gar:
«O helft mir Armem!
Ach, habt Erbarmen!»

Da lachen die groben Gesellen sein
Und reiten hindann –
Martinus aber bleibt hinterdrein
Und hält sein Rösslein sachte an.
Des Bettlers Schmerzen
Fühlt er im Herzen.

Der edle Ritter besinnt sich frei,
Zieht gleich sein Schwert
Und schneid't seinen Mantel mitten entzwei:
«So nimm dein Teil, mein Bruder wert!

Sollst nimmer leiden!
Er reicht uns beiden!»

Zur selben Nacht St. Martin hat
Ein Traumgesicht:
Christus bekleidet an Bettlers Statt
Mit seinem Mantel. Und Christus spricht:
«Ihr Engel, gedenket:
Mich hat er beschenket!

St. Martin gab dem Bettelmann
Vom eignen Kleid.
Was er den Armen hat getan,
Das tat er Mir. Er ist geweiht,
Nun Mir zu dienen
Der ihm erschienen.»

Martin Tittmann

WETTERSPRÜCHE ZU MARTINI

Steht an Martin noch das Laub,
Gar manches wird des Winters Raub.

*

Ist um Martin der Baum schon kahl,
Macht der Winter keine Qual.

*

Bringt Sankt Martin Sonnenschein,
Tritt ein kalter Winter ein.

*

Ist's um Martini trocken und kalt,
Dann auch der Winter lang anhalt.

*

Hat Martini weißen Bart,
Dann wird der Winter lang und hart.

*

Wenn am Martinstag Wind ist,
Fehlt's im ganzen Jahr nicht dran.

*

Wenn um Martini Nebel sind,
So wird der Winter meist gelind;
Zieht die Spinne ins Gemach,
Kommt ihr gleich der Winter nach;
Hocken die Hühner in den Ecken,
Kommt der Winter mit Frost und Schrecken.

*

(Auszüge aus Pastor, s. Literatur)

MARTINSLIED

Volkslied vom Niederrhein

2. Im Schnee saß, im Schnee saß, im Schnee, da saß ein armer Mann, hatt Kleider nicht, hatt Lumpen an: «O helft mir doch in meiner Not, sonst ist der bittre Frost mein Tod!»

3. Sankt Martin, Sankt Martin, Sankt Martin zieht die Zügel an, sein Roß steht still beim armen Mann. Sankt Martin mit dem Schwerte teilt, den warmen Mantel unverweilt.

4. Sankt Martin, Sankt Martin, Sankt Martin gibt den halben still, der Bettler rasch ihm danken will. Sankt Martin aber ritt in Eil, hinweg mit seinem Mantelteil.

LATERNENLIED ZU MARTINI

Norddeutsch

3. Teil

SANKT MARTIN – AUS SEINEM LEBEN

Weit verbreitet sind die Kapellen, Kirchen, Weiler und Städte, Berge und Quellen in ganz Europa, die den Namen «St. Martin» tragen. Sie alle zeugen von der Bekanntheit, der Beliebtheit des Bischofs von Tours, der trotz seiner Stellung und seiner Erfolge stets der fromme und bescheidene Helfer blieb, der durch seine Nähe zum Volke ganz unmittelbar auf die Menschen wirken konnte.

Dank der schon zu Martins Lebzeiten geschriebenen VITA SANCTI MARTINI, einer von seinem Schüler Sulpicius Severus verfaßten Biographie, wissen wir heute gut Bescheid über Leben und Werke dieses Mannes, der in der Frühzeit des Christentums zu den herausragenden Gestalten zählte.

Das geschichtliche Umfeld, in dem er wirkte, wird aus der beigefügten Zeittafel ersichtlich, das geistige Umfeld ist aus den Legenden selbst zu spüren, ergänzt durch die Anmerkungen zu Brauchtum und Tradition, die sich um den St. Martinstag ranken.

Die Biographie des Sulpicius Severus, eines gebildeten aquitanischen Aristokratensohnes, ist natürlich mit den heutigen Biographien nicht zu vergleichen. Sie ist, trotz aller Fakten, eher der Bericht eines Beteiligten, eines Betroffenen, der die verehrte Hauptperson in gutem Lichte darstellen will und der zudem auch ganz im Wunderglauben seiner Zeit lebt. Aber das ist der Darstellung nicht abträglich – eher gibt es ihr die eigentliche Stimmung. Kompetent ist sie allerdings nur für die späteren Jahre Martins, da Sulpicius ja erst 363 geboren wurde, als Martin schon 47 Jahre alt war. Allerdings darf man annehmen, daß Sulpicius, der jahrelang als Schüler in unmittelbarer Nähe Mar-

tins lebte, besser als jeder andere dazu befähigt war, über die frühen Jahre zu schreiben.
Martin wurde um 316 in Sabaria (heute Steinamanger oder Szombathely/Ungarn, ca. 150 km südlich von Wien), der damaligen Hauptstadt der römischen Provinz Panonia geboren. Sein Vater war römischer Offizier, später Militärtribun von Pavia. Schon früh lernt Martin das Christentum kennen, obwohl beide Eltern zunächst davon nichts wissen wollen. Als er 15 Jahre ist, wird Martin von seinem Vater zum Militärdienst genötigt. Er leistet den Fahneneid und wird Soldat in der römischen Gardekavallerie. Durch sein offenes, bescheidenes und hilfsbereites Wesen ist er allgemein beliebt. Dazu kommt eine unbedingte Pflichttreue, sodaß er schon bald zum Offizier befördert wird. Als Gardeoffizier dient er mit knapp 18 Jahren in Gallien, sein Standort ist der strategisch und wirtschaftlich wichtige Knotenpunkt Civitas Ambianensium (=Amiens), wo er dann an einem kalten Wintertag des Jahres 334 jenes für ihn so entscheidende Erlebnis mit dem Bettler am Brückentor der Stadt hat, dem er die Hälfte seines Mantels überläßt. Kurz darauf empfängt er die Taufe, wird aber erst zwei Jahre später nach persönlicher Vorsprache beim Kaiser aus dem Heeresdienst entlassen.
Zunächst ist er Schüler des Bischofs Hilarius von Poitiers, der ihn auch schon auf die Taufe vorbereitet hatte. Von ihm wird er zum Priester geweiht und zieht bald nach seiner Entlassung nach Pannonien, in seine alte Heimat, um dort das Christentum zu verkünden. Seine Mutter hatte sich taufen lassen, sein Vater aber, aufgewachsen in römischer Soldatentradition, hielt sich zurück und blieb dem alten Glauben treu.

Inzwischen hatte sich aber in dieser Provinz der Arianismus ausgebreitet und das römische Christentum wurde nicht geduldet. Man zwang Martin zur Umkehr und er begab sich nach Pavia, wo jetzt seine Eltern lebten (sein Vater war dort Militärtribun geworden).
In Mailand wurde Martin erneut von den Arianern bedrängt. Er zog sich daraufhin als Klausner auf die Insel Gallinaria bei Genua zurück, von wo er erst um 360 zurückkehrt nach Gallien. Dort gründet er dann bei Poitiers die wohl erste klösterliche Organisation des Abendlandes in Ligugé, von der nachhaltige Kulturimpulse ausgingen. Anders als beim östlichen Eremitentum zogen sich hier die Mönche nicht zu beschaulicher Kontemplation zurück, sondern gingen ins Land und halfen tatkräftig, griffen also unmittelbar ins Sozialgefüge ein. Von hier aus wirkte Martin aktiv als Helfer und als Ratgeber, oft auch als Heiler. Obwohl durch seine Biographen und auch sonst aus dieser Zeit wenig über ihn bekannt ist, so müssen die Menschen ihn wohl sehr geschätzt haben, denn im Jahr 371 wird er durch Volksabstimmung zum Bischof von Tours gewählt, wie es die Legende vorn schildert.
In seiner Bescheidenheit sträubte er sich gegen die Wahl, er fühlte sich für ein solches Amt nicht berufen, doch spürte er den Willen des Volkes, gab nach und setzte sich nach seiner Erhebung mit ganzer Kraft für die Menschen ein. Seine Residenz war kein prächtiger Palast, sondern eine Zelle des von ihm auf einem Felsen über der Loire gegründeten Klosters Marmoutiers (Maius Monasterium), von der aus er fortan seine Missionsreisen unternahm.

Überall ging ihm der Ruf eines wundertätigen Mannes voraus, oft genug war er auch in Lebensgefahr, aber immer verstand er es mit Geschick und durch die Kraft seiner Persönlichkeit, bedrohliche Situationen zu entschärfen, sodaß seine Reisen eigentlich wie geistige Gegenstücke zur römischen Eroberung wirken, eine Art «friedlicher Kolonisation». So erstaunt es auch nicht, wenn er heidnische Kultstätten, auch Bräuche und Feste der keltischen Einwohner nicht einfach beseitigte, sondern sie durch entsprechende christliche Einrichtungen ersetzte. Martin und seine Helfer reisten stets waffenlos, sie lebten den Glauben ohne Anwendung von Gewalt. Durch echte Volksliebe, durch seinen Gerechtigkeitssinn und kraft seines Wortes gelang es ihm, nicht nur mancher Willkür ein Ende zu setzen, sondern vor allem die Bildung und das ganze Sozialgefüge der Menschen zu heben.

Die für sein Wirken charakteristischsten Begebenheiten sind am Anfang durch die Legenden wiedergegeben, aus denen uns die Person des Bischofs am lebensvollsten vor Augen geführt wird, da ja alle Schilderungen auf wahren Vorkommnissen basieren, die zwar, dem Geist der Zeit entsprechend, ausgeschmückt und in der Nacherzählung abgerundet wurden, im Kern ihrer Aussage aber biographisch blieben.

Als Martin dann auf einer seiner vielen Missionsreisen am 11. 11. 397 in Candes im Alter von 81 Jahren starb und sein Leichnam zum Begräbnis nach Tours gebracht wurde, folgte dort seinem Sarg eine riesige Menschenmenge. Sein Grab bildete schon bald den Mittelpunkt von Wallfahrten, – nach Rom war Tours die am meisten besuchte Stätte, und seinen Todestag feierte man

im Abendland bereits kurze Zeit später als Fest zu seinem Gedenken.
Sein Mantel aber, den die Könige der Merowinger-Franken als Reliquie in der Schlacht vor sich hertragen ließen und der so vieles bewirkte, scheint wie gesponnen aus den Fäden des Schicksals, aus den Lebensfäden, die das Leben Martins mit dem des Christus verbinden und das Wundergewebe seines Wirkens breitet sich aus über das Abendland durch die nachfolgenden Jahrhunderte, kraftvoll und vorbildhaft.

BRAUCHTUM DER MARTINIZEIT

Das Martinsfest birgt eine Fülle von Sitten und Gebräuchen, die teilweise als Überlieferungen auf St. Martin selbst zurückgehen oder aber aus früheren, jahreszeitlich bedingten Festen, dem Martinsfest zugeordnet wurden. Manche kamen sogar erst später hinzu und rundeten dieses bedeutende Jahresfest ab oder bereicherten es.
Martin lebte und wirkte in einer Zeit des großen Umbruchs. Die Römer breiteten ihr Imperium immer mehr aus, das Christentum faßte Fuß und die alten Sitten und Bräuche wurden durch neue abgelöst (oft nur der Name gewechselt), ohne daß jedoch der Zeitpunkt der Feste sich änderte. Von den Mittelmeerländern bis hin in den germanischen und keltischen Norden wurden um den 11. November allenthalben die großen

Erntedank-und Opferfeste gefeiert. Die Ernte war eingebracht, der Wein gekeltert, die Herden eingetrieben und ein Fleischvorrat für den Winter geschlachtet. Nicht alle Lebensmittel waren haltbar oder konnten haltbar gemacht werden, ein Umstand, den wir uns im heutigen Konservenzeitalter gar nicht mehr richtig vorstellen können. Die Folge war, daß nach Einbringen der Ernte, nach den Schlachtfesten erst einmal Überfluß herrschte und so die Erntedankfeiern mit ausgiebigen Schmausereien und Trinkgelagen verbunden waren (Dionysien, Meditrinalien, Wotansfest). Das Festessen hatte auch noch einen anderen Sinn: am 11. 11. begann die alte Martini- oder Epiphanias-Fastenzeit, vor der man sich noch einmal eine ordentliche Mahlzeit gönnte.

Eine ganze Reihe von Bräuchen und Gegebenheiten verknüpft sich unmittelbar mit dem Erntefest: das Pachtjahr war zu Ende, Pachtgelder, Zinsen und Zehnte mußten entrichtet werden, gleichzeitig wurden Mägde und Knechte entlohnt und wechselten ihre Stellen, wobei in späterer Zeit der neue Arbeitgeber sie mit dem Martinstaler verpflichtete, einer besonderen Prägung, die man noch aus Kolmar(1499), Mainz(1568), aus der Urschweiz(1548) und vom Grafen von Schwarzenburg(1606) kennt. Auch die großen Martinimärkte, auf denen insbesondere die Tiere, die man nicht den Winter über füttern wollte oder konnte, verkauft wurden, finden an diesem Tag statt.

Der neue Wein fließt dabei reichlich, Trankopfer wurden gebracht, die sich in der Sitte des ‹Minnetrunkes› (= in Liebe an jemanden denken) erhalten haben.

Am Vortag von Martini treiben die Hirten das Vieh letztmals

vor dem Winter heim und überreichen ihrem Dienstgeber die Martinigerte (aus Birken-, Weiden-, Eichen- oder Wacholderzweigen), die dann beim ersten Austrieb im Frühjahr wieder hervorgeholt wird. Das Überreichen der Gerte und die Berührung durch sie ist ein altes Motiv, es ist die Rute des Lebens, des Segens auch, die Rute der Berchta, deren Berührung Leben erwecken aber auch nehmen kann (wie z. B. im Grimm'schen Märchen von den zwei Brüdern u. a.).

Wo Überfluß ist, da sind natürlich auch die Bettler nicht weit. Die Erinnerung daran zeigen die Heische- oder Gripschumzüge der Kinder am Vorabend von Martini, auch die Bettlertaler (Prachertaler), extra Prägungen von Silbermünzen mit dem Bild des Hl.Martin, wie er den Mantel teilt.

Ein weiterer Bestandteil des Martinifestes sind die Lichterumzüge, die teilweise ebenfalls auf ältere Bräuche zurückzuführen sind und dann in das christliche Fest mit eingebunden wurden. Sie sind ein Teil des Erntedankes und sollen die Kraft des Lichtes, der Sonne verstärken, aber auch die bösen Geister vertreiben.

Mit Fackeln, Lampions, ausgehöhlten Kürbissen, Gurken oder Rüben, in denen Lichter brennen, ziehen insbesondere die Kinder durch die Straßen und Gassen und singen dazu die Laternenlieder. Dieser Brauch ist allerdings erst vor ca.150 Jahren dazugekommen.

In manchen Gegenden haben die Lichter-Umzüge ihren Ursprung auch in der Lucerna-Perikope zum 11. 11. (Lukas 11, 33-36; Matthäus 5, 15/16; Markus 4, 21), die seit dem 13. Jahrhundert im römischen Meßbuch aufgeführt ist.

Eine besondere Bedeutung beim Martinifest hat von jeher die Martinsgans. Der Bezug zum Leben des Heiligen ergibt sich aus der Legende vorn, doch auch hier ist der Brauch nicht ausschließlich auf St.Martin zurückzuführen. Das hellwache Tier, Abkömmling der Wildgans, das seinen Lebens- und Wanderrhythmus nach den Sternengesetzen vollzieht, war auch das Opfertier Wotans. Wetterregeln und Orakelsprüche leiten sich von der Beschaffenheit der Innereien, auch der Knochen nach der Schlachtung ab, ebenso werden diesen Teilen oft Heilkräfte zugeschrieben. Im Mittelalter galt die Gans nicht nur als Martinsvogel, sondern auch ganz allgemein als wegekündender Schicksalsvogel.

Sankt Martin wird bei den noch heute stattfindenden Umzügen (insbesondere im Rheinland: Düsseldorf, Viersen, Dülken) auf dem weissen Pferd reitend dargestellt, wie wir es ja auch von zahlreichen künstlerischen Darstellungen kennen. Der Bezug zu seinem Leben ergibt sich zum einen aus seiner Eigenschaft als Schutzpatron der Pferde, zum anderen aus der Farbe, die ja in unserem Kulturkreis die Reinheit symbolisiert. Aber auch hier spielen ältere Symbole eine Rolle, denn auch Wotan-Odin (mit dem Martin oft in Beziehung gesetzt wird) ritt auf dem weißen Roß und sein weiter Mantel gab Schutz, er brachte den Schnee und bedeckte damit den Boden, machte ihn bereit für die nächste Saat.

Martin teilte seinen Mantel mit dem bedürftigen Bettler, er gab ihm damit nicht nur Schutz und Wärme, sondern nahm das Wesen, das ihm durch die Gestalt des Bettelnden offenbar wurde, in seine Hülle mit herein, eine Mit-Teilung, die tiefe Geheimnisse birgt. Einen ähnlich symbolischen Vorgang findet man im germanischen Adoptionsritus, bei dem der zu Adoptierende vom weiten Mantel des Adoptivvaters umhüllt wird, um die Adoption zu vollziehen.

Diese notgedrungen kurzen Hinweise auf Martinibräuche wären jedoch nicht abgerundet, ohne zumindest die verschiedenen Backwaren zu erwähnen, die an Martini verteilt werden. Da ist zunächst das Martinshörnchen, dessen Hufeisenform an Wotans Roß erinnern soll (oder auch an den doppelt gehörnten Bacchus-Dionysos) und die an Freunde verschenkt werden. Auch die Martinsküchle und Martinslaible (Schmalzgebäck und Hefezopf) sind Geschenke, die der Hausherr dem Gesinde gibt oder die Eltern und Paten an die Kinder der Familie oder der Nachbarschaft verteilen. Der Martinsweck oder Martinsring (beides Hefegebäck) «dingt das Neujahr an», d. h. es ist ein Geschenk eines jungen Mannes an sein Mädchen, von dem er an Neujahr eine Gegengabe erwartet. Aus der Art dieser Neujahrsgabe geht dann hervor, ob der junge Mann dem Mädchen lieb oder zumindest genehm ist. Mit den Martinsschiffchen (Mürbeteiggebäck in Schiffchenform) und den Martinsgeigen (große Weißbrote) die an die Lehrer der Kinder oder ganz allgemein an die Armen verteilt werden, soll unser «Backreigen» abgeschlossen werden.

Eng verbunden (nicht nur sprachlich verwandt) mit den Festen ist das Fasten und wenn wir heute sagen, daß am 11. 11. die Faschings-(Fastnachts-)zeit beginnt, so geht auch dieser Brauch auf einen älteren, rituellen zurück: auf die bereits erwähnte Epiphanias-Fastenzeit, die vierzig Tage vor dem Dreikönigsfest am 11. 11. begann (ohne Zählung der Samstage und Sonntage). Aus all dem Gesagten sehen wir, wie reich an Symbolen und Bildern das Martinifest ist, ob es nun Bräuche sind, die auf St. Martin zurückgehen oder nicht. Die universelle Beziehung des Heiligen zum gesamten Kosmos und zu den Elementen Wasser, Erde, Luft und Licht(Feuer), die sich auch in den Legenden zeigt, macht ihn neben seiner ganzen Lebenshaltung so sympathisch-vorbildhaft. Aus dem Bettlererlebnis heraus wachsen Demut und Mut gleichermassen. Demut vor dem Wesen des Anderen, des Armen, dem er sein ganzes Leben lang in Liebe hilft; unerschrockener Mut aber in der Durchsetzung seiner Ziele, angefangen vom Verweigern des Dienstes mit der Waffe, bis hin zu seinem mutigen Eifer bei der Verbreitung des Christentums oder im Umgang mit den Mächtigen. Äußere Bekundungen der Erinnerung an St. Martin gibt es unzählige: Die Weiler, die nach ihm genannt sind, die Städte, die Kirchen und Kapellen, die Berge und die Quellen. An uns aber liegt es, dem äußerlichen Verehren ein inneres Begreifen und Nacheifern der menschlich-sozialen Haltung dieses vorbildlichen Menschen hinzuzufügen und damit dem Fest seine innere Bedeutung zu erhalten.

MARTINS MANTEL IN UNSERER SPRACHE

Die Mantelteilung des heiligen Martin hat nicht nur in Legenden oder in der bildenden Kunst ihren Eingang gefunden, sondern auch in unserer Sprache. Wir benutzen viele Worte, die darauf zurückgehen, ohne uns bewußt zu sein, daß hinter ihrem Gebrauch das Ereignis vor dem Stadttor von Amiens steht. Zunächst ist da der Name des Mantels selbst, eines Kleidungsstückes, das die römischen Offiziere in roter Farbe trugen: die CAPA (spätlatein. *cappa;* alhochdeutsch *kappa,* in der Verkleinerungsform CAPELLA). Es war ein Mantel mit Kapuze, der im Mittelalter allgemein getragen wurde, von den höheren Ständen jedoch meist nur bei schlechtem Wetter oder auf Reisen. In England kennen wir ihn als CAPE und auch diese Bezeichnung kam in unsere Sprache zurück.
Martinus wurde von dem Merowinger Chlodwig (481-511), der als Frankenkönig die Grundlagen für das große Frankenreich legte, zum Schutzheiligen seines Reiches erklärt. Die CAPA des Martinus, seine Mantelhälfte also, wurde in einem besonderen Reliquienschrein oder Raum aufbewahrt, der CAPELLA. Dieser Begriff wurde zu KAPELLE und bezeichnete später ganz allgemein einen Reliquienaufbewahrungsort, in dem auch Gottesdienste gefeiert wurden. Aus der Kapelle für die Reliquien wurde der Begriff für kleine Kirchen ohne eigene Geistlichkeit oder für solche mit besonderen Zwecken: Heiligenkapellen, Grabkapellen u. s. f.
In der CAPELLA SANCTI MARTINI, also der Ur-Kapelle, legte Kö-

nig Chlodwig die ihm von Kaiser Anastasius nach dem Sieg über die Westgoten übersandten Konsulsinsignien an. Der Würdenträger aber, den er zum Hüter der CAPA ernannte und der auch in der Schlacht die Reliquie dem Heer vorantragen mußte, hieß der CAPELLANUS, aus dem dann im Lauf der Zeit der Kapellan und der Kaplan (engl. *chaplain*) wurden. Der *Capellanus* stand aber nicht allein, er hatte seine Helfer, denn nicht nur für eine Schlacht wurde die CAPA hervorgeholt, sondern auch bei Festlichkeiten. Verträge wurden auf der CAPA beschworen und auch sonstige Eide darauf geleistet.

Diese Gruppe um den *Capellanus* mußte unter anderem bei Gelegenheit für Musik sorgen, sowohl beim Heer als auch bei den Festen, und hieß daher die *Capella*, aus der sich die *(Hof-)*, *(Militär-)*, *(Musik-)Kapelle* entwickelte, ein Ausdruck, der dann später ganz allgemein auf eine Gemeinschaft von Musikern, auf ein Orchester, angewendet wurde. Ihr Leiter war natürlich der *(Hof-)Kapellmeister*, eine Bezeichnung, die erst in unserem Jahrhundert durch die jetzt geläufigere des Dirigenten weitgehend ersetzt wurde. In der *Capella* waren als Helfer in der Anfangszeit unter Chlodwig natürlich nicht nur Musiker, sondern auch andere Mitglieder des Hofstaates tätig. So berichtet uns Notker der Stammler (ca.840-912) in seinen GESTA KAROLI MAGNI, den Anekdoten zum Leben Karls des Großen: «… er nahm einen Schreiber in seine *Capella* auf. Mit diesem Namen pflegten die fränkischen Könige wegen der CAPA des hl. Martin, die sie zu ihrem Schutz und zur Bedrängnis der Feinde auf ihren Kriegszügen mitnahmen, ihr Heiligtum zu benennen.» (zitiert nach Vossen, Sankt Martin)

Verwandt mit der CAPA ist die KAPPE, (natürlich auch die TARNKAPPE), jene enganliegende Kopfbedeckung ohne Krempe, die man gegebenenfalls unter der Kapuze des Mantels, der Capa, des Capes, tragen konnte.

Die Bezeichnung KAPPE wird aber im Mittelalter auch für den ganzen Mantel benützt. Die «Kappe ablegen» hieß z.B., daß ein Mönch oder eine Nonne ihren Orden verlassen hatten. Spezielle Berufsstände haben eigene KAPPEN und unser Sprichwort «etwas auf seine Kappe nehmen» bedeutet nach damaligem Sprachgebrauch, daß derjenige eine Person «unter seinen Mantel», in seine Verantwortung nimmt oder für eine Sache gerade steht, auch hier wieder ein Anklang an den im vorigen Abschnitt erwähnten Adoptionsritus der Germanen, bei dem der Adoptierende dem Adoptierten seinen Mantel umlegt, ihn «auf seine Kappe nimmt». Ebenso wird die TARNKAPPE eher im Sinne von einem Mantel benützt, der tarnt, den Träger oder die Trägerin verbirgt.

So haben sich aus der barmherzigen Tat der Mantelteilung des Martin von Tours eine ganze Reihe von Begriffen ergeben, die als Bestandteil unserer Sprache die heutige Kulturlandschaft durchziehen und mancher Kaplan oder Kapellmeister wäre sicher erstaunt, würde man ihm sagen, daß seine Berufsbezeichnung vom Mantel des hl. Martin herstammt.

ZUR ZEIT SANKT MARTINS

312 Konstantin d. Große siegt über Maxentius. Anerkennung des Christentums im römischen Reich.

316 (ca.) Martin in Sabaria, der Provinzhauptstadt von Pannonia geboren (= heute: Steinamanger/ Szombathely).

321 Einführung des Sonntags als Ruhetag

324 Konstantin Alleinherrscher (+337)

325 Konzil zu Nicaea (die versammelten Bischöfe verurteilen das arianische Christentum).

330 Einweihung von Konstantinopel (Byzanz)

334 Bau der Grabeskirche in Jerusalem

337 Teilung des römischen Reiches unter den drei Söhnen Konstantins (Konstantin II, Constantius II, Constans)

311 (-383) Ulfilas (Arianerbischof), Bibelübersetzung ins Gotische, gotisches Alphabet.

340 (-397) Ambrosius, latein. Kirchenlehrer

354 (-430) Augustinus, latein. Kirchenvater, bedeutendster Theologe der Antike.

360 Martin kehrt von Gallinaria nach Poitiers zurück

361 Julian Apostata wird Kaiser (+363)

363 (-425) Sulpicius Severus, Schüler und Biograph St.Martins.

364 Valentinian I. wird röm. Kaiser (+375)

367 Hilarius v. Poitiers gest. (erster Dichter christl. -latein. Hymnen u. Lehrer Martins)

371 Martinus wird zum Bischof von Tours gewählt

375 Martinus gründet das Kloster Marmoutiers bei Tours

379 Theodosius (der Große) wird Kaiser (+395), vereinigt 394 noch einmal das ganze röm. Reich unter einer Herrschaft.

375 Einbruch der Hunnen in Europa

383 (+388) Magnus Maximus von seinen Soldaten z. Kaiser gewählt (regiert in Trier als Gegenkaiser zu Gratian)

391 Christentum wird Staatsreligion im römischen Reich

395 endgültige Teilung des römischen Reiches

395 Sulpicius Severus veröffentlicht die VITA SANCTI MARTINI, die erste Biographie St. Martins.

397 (11. 11.) Bischof Martin stirbt während einer Missionsreise in Candes/Touraine.

LITERATURHINWEISE

ALBERS, J. H.: Das Jahr und seine Feste. Stuttgart 1917.

CARNOY, HENRY: Légendes de France. Paris 1885.

DAHN, FELIX: Die Völkerwanderung. Berlin 1977.

GEHLKER, HELMUT: St.Martin reitet den Schimmel. Engelberg 1979.

GRIMM, JACOB U. WILHELM: Deutsches Wörterbuch. Leipzig 1873.

JACOBUS DE VORAGINE: Die Legenda aurea. Heidelberg 1979.

KELLER, HILTGART L. : Reclams Lexikon der Heiligen und der biblischen Gestalten. Stuttgart 1987.

KÜPPERS, LEONHARD: Martin. Recklinghausen 1967.

KÜSTER, JÜRGEN: Bräuche im Kirchenjahr. Freiburg/Br. 1986.

LEBEN DER HEILIGEN, DAS. FRANKFURT/M. 1986.

MELCHERS, ERNA UND HANS: Das große Buch der Heiligen. München 1982.

MURBACH, ERNST: St.Martin in Zillis. Bern 1990.

NOTKER DER STAMMLER: Gesta Karoli Magni. Die Taten Kaiser Karls des Großen. Bd. 12 der Monumenta Germaniae Historica. München 1957.

PASTOR, EILERT: Dt. Volksweisheit in Wetterregeln und Bauernsprüchen. Berlin 1934.

PROBST, EMIL U. QUADFLIEG, JOSEF: Aus dem Leben des Hl. Martin. Düsseldorf 1965.

RATTELMÜLLER, PAUL ERNST: Bairisches Brauchtum im Jahreslauf. München 1988.

RITTER-SCHAUMBURG, HEINZ: Liebe Erde. Stuttgart 1985.

RUDLOFF, DIETHER: Kosmische Bildwelt der Romanik. Die Kirchendecke von Zillis. Stuttgart 1989.

RÜTTGERS, SEVERIN: Der Heiligen Leben und Leiden. Leipzig 1922.

SCHÖNFELDT, SYBIL GRÄFIN: Das große Ravensburger Buch der Feste und Bräuche. Ravensburg 1987.

SEIFERT, TRAUDL: Heilige in Kunst und Legende. München 1973.

ST. MARTIN. LIEDER – BILDER – TEXTE. FREIBURG/BR. 1988.

TITTMANN, MARTIN: Der Ritt durch das Jahr. Stuttgart 1987.

TULL, MARTIN: Mein Buch vom Heiligen Martin. Augsburg 1991.

VOELKL, LUDWIG: Der Kaiser Konstantin. München 1957.

VOSSEN, CARL: Sankt Martin. Düsseldorf 1986.

WAHRIG, GERHARD: Deutsches Wörterbuch. Gütersloh 1968.

VERZEICHNIS DER ABBILDUNGEN

INHALTSVERZEICHNIS